Karin Longariva

Südtiroler Bäuerinnen kochen

Einfach gute Rezepte

EDITION LÖWENZAHN

Die Deutsche Bibliothek - CIP-Einheitsaufnahme

Longariva, Karin: Südtiroler Bäuerinnen kochen :
einfach gute Rezepte / Karin Longariva. -
Innsbruck : Ed. Löwenzahn, 1995
ISBN 3-7066-2105-3

© 1995 Edition Löwenzahn Verlagsges.m.b.H
Andreas-Hofer-Straße 4, A-6011 Innsbruck
Printed in Austria

Alle Rechte vorbehalten. Ohne ausdrückliche Genehmigung des Verlags ist es auch nicht gestattet, dieses Buch oder Teile daraus auf photomechanischem Wege (Photokopie, Mikrokopie, Xerokopie) oder auf digitalen Trägermedien zu vervielfältigen.

Satz: rudo*fex*
Fotografien: Herbert Gyß
Umschlag: Ulrich Eichberger
Druck: Thaurdruck

Gedruckt auf umweltfreundlichem, chlor- und säurefreiem Papier

Karin Longariva
Südtiroler Bäuerinnen kochen

Die besten Ideen bleiben Träume, wenn sie nicht konkret in die Tat umgesetzt werden. So ein geheimer Traum ist Wirklichkeit geworden mit der Neuerscheinung "Südtiroler Bäuerinnen kochen".

Die Idee dazu ist in der Edition Löwenzahn in Innsbruck geboren, sie wurde von der Südtiroler Bäuerinnenorganisation aufgegriffen und unterstützt und mit Fachkenntnis, Geschick und Sorgfalt von Karin Longariva, Fachlehrerin für Ernährung und Hauswirtschaft, verwirklicht.

"Südtiroler Bäuerinnen kochen" ist ein neuer, besonderer Stein im bunten Mosaik der Kochbücher, die in einer fast unüberschaubaren Anzahl auf dem Markt sind.

Es ist dies das 3. Buch in einer Reihe von Rezeptsammlungen, betreffend die bodenständige, bäuerliche Küche in den österreichischen Bundesländern einschließlich Südtirol. In diesem Werk ist Südtiroler Küchentradition und bäuerliche Eßkultur gesammelt, aktualisiert und in ansprechender Form dargestellt.

Die Gliederung nach Bezirken bzw. Talschaften ist sehr übersichtlich, die Sprache einfach und verständlich, die Abbildungen gekennzeichnet von schöpferischer Phantasie und Liebe für das Detail.

Der Ausspruch "auch die Augen essen mit" trifft wirklich zu.

Das besondere an den verschiedenen Gerichten ist der Sinn für das Natürliche, Einfache, die Originalität, der sorgsame Umgang mit Lebensmitteln und das Bestreben, aus gesunden, hofeigenen Produkten das Beste zu machen.

Mit diesem Kochbuch soll auch wieder bewußt gemacht werden, daß Essen mehr ist als nur das Stillen des Hungers.

Ernährung, richtig verstanden, hat mit Gesundheit, mit Genuß, mit Wohlbefinden und Lebensqualität zu tun.

Noch eine Besonderheit: 10 % des Erlöses aus dem Verkauf dieses Kochbuches in Südtirol fließen dem Bäuerlichen Notstandsfonds zu.

Damit wirken Kräfte, die aus dem bäuerlichen Leben kommen, in Situationen hinein, die mit bäuerlichem Überleben zu tun haben.

Ich wünsche den Südtiroler Bäuerinnen viel Freude mit "ihrem Kochbuch". Möge es über den Bauernstand hinaus zahlreiche Freunde finden.

Augusta Ploner
Amtsdirektorin für die Landeshauswirtschaftsschulen

Südtirol liegt am Schnittpunkt zweier Sprach- und Kulturräume. Einflüsse der italienischen aber auch der österreichischen Küche sind deutlich spürbar.

So vielfältig wie die Landschaft, die Täler und die Bevölkerungsgruppen des Landes, so vielfältig ist auch die Küche in Südtirol. Bodenständige, traditionelle Gerichte sind in Südtirol genauso anzutreffen wie neuzeitliche, leichte Gerichte.

Mit dem Ziel, alte, zum Teil schon in Vergessenheit geratene Rezepte der Südtiroler Küche neu zu beleben und der heutigen Zeit anzupassen, habe ich alte, aber auch neue Rezepte von den Bäuerinnen gesammelt.

Ich war erstaunt, wie vielfältig, interessant, abwechslungsreich und kreativ die Küche in Südtirol ist.

Aus einfachen, natürlichen Lebensmitteln wie Mehl, Eiern, Äpfeln, Brot und Kartoffeln werden phantasievolle, geschmacksvolle Köstlichkeiten wie Mus, Krapfen, Apfelkiachlan, Brotsuppen, Knödel usw. zubereitet.

Zu jeder Jahreszeit bieten die Bäuerinnen das passende Gericht. Manche überlieferte, traditionelle Rezepte entsprechen nicht unseren heutigen, ernährungsphysiologischen Richtlinien.

Aber nichts ist von sich aus gut oder schlecht, alles hängt von Menge, Art der Zubereitung und von der Häufigkeit des Verzehrs ab.

Ich möchte mich bei all jenen Bäuerinnen bedanken, die mir ihre Rezepte zur Verfügung gestellt haben.

Danke sagen möchte ich auch Frau Angelika Kaser-Hinteregger, Hauswirtschaftslehrerin und Ortsbäuerin von Lüsen, die für mich Rezepte aus dem Eisacktal gesammelt hat und mir auch beim Ausprobieren einiger Gerichte hilfreich zur Seite gestanden ist.

Im besonderen gilt mein Dank Frau Dr. Gudrun Ladurner, Leiterin der Hauswirtschaftsschule Haslach, für die Einführungen zu den

Bezirken, den hilfreichen Anregungen, vor allem aber für die gesamte Präsentation der Fotos.

Viel Spaß beim Nachkochen, und genießen Sie die Spezialitäten der Südtiroler Küche.

Karin Longariva

Inhalt

Bozen, Unterland und Überetsch

Suppen
Spargelsuppe 19
Ronensuppe 19
Selleriecremesuppe 20
Gulaschsuppe 20
Terlaner Weinsuppe 21
Saure Suppe 21
Bohnensuppe 22

Fastenspeisen
Spargelrisotto 23
Radicchiorisotto 23
Aschernudel 24
Schwarzplentene Spatzlan 24
Gefüllte Teigtaschen 25
Spargel mit Kräutersauce 26
Spaghetti mit Zucchinisauce 26
Maccheroni mit Pfifferlingsauce 27
Schuffa 28

Fleisch- und Fischgerichte
Bozner Herrengröstel 29
Käselaibchen 30
Bozner Stockfischgröstel 30
Kalbsbeuschel 31
Kriegsgulasch (Katzengschroa) 31
Teufelsfleisch 32
Kalbsleber auf venezianische Art 32
Lammrücken mit Knoblauchsauce 35
Gedünstete Kalbskoteletts 35
Kräuterforelle 36
Gesurtes Schweinernes mit Kraut 37
Kalbsschnitzel mit Pilzen 37

Süßspeisen und Gebäck
Kakaotorte 38
Mittwochschnitten 38
Tschöggelberger Krapfen 39
Haferflockenbusserln 40
Omas Kloazenstrudel 40
Rhabarbertorte 41
Bozner Weihnachtszelten 42
Apfelkiechl 43
Kokosecken 44
Völser Kirchtagskrapfen 45
Plenten Broater 45
Pfingstgrungeln 46
Erdbeerstanitzel 46
Sarner Ofenkrapfen 47

Brot
Osterbrot 48
Roggenkörnerbrot 48
Holzhackerbrot 49

Verschiedenes

Saure Zucchini 50
Malzzuckerlen 50
Orangen-Punsch 53
Marillenlikör 53
Beerenlikör 54

Vinschgau

Suppen

Vinschger Brotsuppe 57
Knoblauchsuppe 57
Sauerkrautsuppe 58
Kartoffelnockensuppe 59
Kastaniensuppe 59
Erdäpfelsuppe mit Brotwürfel ... 60

Fastenspeisen

Spinat-Reibe-Kuchen 61
Gratinierte Grießnocken 61
Überbackene
Spinatschupfnudeln 62
Topfenknödel 63
Jägernudeln 63
Kloatzenschlutzkrapfen 64
Kartoffelriebel 65
Krautnocken 65
Gemüsegerste 66
Grießmus 66
Buchweizenmus 67
Melchermuas mit Palabirn . 67

Fleischgerichte

Schnalser Bauernbratl 68
Krautgulasch 71
Faschierte Laibchen in
Tomatensauce 72
Gebackene Kalbsleber 73
Gerollter Senfbraten 73
Lebergulasch 74
Pikante Rehschnitzel 75
Kartoffelgulasch 76

Süßspeisen und Gebäck

Nußschnecken 77
Schnalser Torte 78
Vinschger Schneemilch 78
Apfel-Mandel-Torte 79
Schwarzpolentatorte 79
Preiselbeertorte 80
Schneetorte 80
Vinschger Kastanienkrapfen ...81
Marillen-Nußkuchen 81
Marillenkuchen 82
Apfeltaschen 82

Brot

Müslibrot 83
Milchbrötchen 84

Verschiedenes

Alpenrosenhonig 85
Kümmelschnaps 85
Basilikumschnaps 86
Orangensirup 86
Quittenmarmelade 89
Ribis-Marillenmarmelade .. 89

Meran - Burggrafenamt

Suppen

Butternockensuppe 93
Zucchini-Suppe 93
Sauerampfer-Suppe 94

Frittatensuppe 94
Jägersuppe 95
Milchsuppe 95

Fastenspeisen

Polenta mit Steinpilzen 96
Schwarzbeerlaibchen 96
Rahmnocken 97
Kastaniennocken 97
Brennesseltopfennocken 98
Hackplenten 98
Schneidnudel 99
Erdäpfelnudel im Reindl 99
Schupfnudel 100
Schmalznocken 100

Fleisch- und Fischgerichte

Gekochtes Rindfleisch
mit Kräutersauce 101
Maccheroni mit Lammragout ... 101
Kalbsvögelen mit Polenta 102
Fischfilet mit Gemüse 103
Reh- oder Gamsschlegel 104
Bauernblutwurst 107
Fleischstrudel 108
Eingemachtes Kalbfleisch 109
Gekochte Kalbszunge mit
Tomaten-Kapernsauce 109

Süßspeisen und Gebäck

Faschingsscherben 110
Lebkuchenkekse 110
Bratäpfel 111
Zitronenkuchen 111
Ultner Mohnkrapfen 112
Mandeltorte 112
Tante Rosas Apfelkuchen 113
Äpfel mit Vanillecreme 114

Falsche Linzertorte 114
Marillenschnitten 115
Karottentorte 115
Haselnußkranz 116
Topfen-Früchte-Kuchen 117
Dorf Tiroler 117

Brot

Knusperbrötchen 118
Anisbrot 119

Verschiedenes

Nußlikör 120
Holundersekt 120
Holundersirup 121
Schwarzbeerschnaps 121
Hollergelee 122
Knoblauch in Öl 122

Eisacktal, Gröden und Wipptal

Suppen

Wasserfriggelensuppe 127
Gerstsuppe 127
Brennsuppe 128
Speckknödelsuppe 128
Milchsuppe 129
Grießnockensuppe 129

Fastenspeisen

Apfelschmarren 130
Schalderer Krapfen 131
Schwarzplenten mit Käse 131
Spinatkrapfen 132
Pfifferlinggröstel 132
Nudelroast 133

Schwarzpolentamus 133
Brotauflauf 134
Ronenknödel 134
Kräuternocken 135
Ronenkuchen 135
Graukäsenocken 136
Schwarzpolentanocken 136
Spinatnocken 137
Lüsner Krapfen 138

Fleischgerichte

Schweinsrippelen mit
Erdäpfel 139
Gänsebraten 139
Rehbraten 140
Schafsbraten 140
Gefüllte Kalbsschnitzel 143
Süßspeisen und Gebäck
Osterkränze 144
Brottorte 144
Ölkuchen 145
Jörgele Schnitten 145
Bananencreme 146
Schwarzplentene Roulade 146
Mohnmingilan 147
Germmingilan 147
Schüttelkuchen 148
Wipptaler Krapfen 148
Grödner Kirchtagskrapfen 149
Mohnkuchen 150
Topfenstollen 151
Kniekiachlan 152

Verschiedenes

Preiselbeermarmelade 153
Zirmschnaps 153
Graukas 154
Ziegerkas 154

Pustertal

Suppen

Porreesuppe 157
Erdäpfelsuppe mit Milch 157
Käsesuppe 158
Pustertaler Grießnocken-
suppe 158
Bauernsuppe 161

Fastenspeisen

Erdäpfelnudeln 162
Spinatpudding 162
Erdäpfelschlutzkrapflan 163
Erdäpfelroast 164
Spinattopfennocken 164
Ofenplent 165
Spinatofenplent 166
Preßknödel 167
Pusterer Preßknödel 167
Tirtlan 168
Schlutzkrapfen 169
Erdäpfelblattlan mit
Sauerkraut 170
Blutnudel 170
Schnittlauchschmarren 171
Reisauflauf 171

Fleischgerichte

Hirschgulasch 172
Reh- oder Hirschmedaillons
mit Pilzen 173
Wildgeschnetzeltes 174
Bauerneintopf 175
Pilz-Fleisch-Eintopf 175
Reisfleisch 176

Süßspeisen und Gebäck

Topfenbuchteln 177
Topfenkrapfen 178
Apfelkuchen 179
Zwetschkenkuchen 180
Pustertaler Mohnkrapfen 181
Marmeladekrapfen 181
Schwarzpolenta-Torte
mit Äpfeln 182
Bauernstrauben 182
Kirchtagskrapfen 183
Rahm-Kuchen 184
Spitzbuben 185
Anisschnitten 185

Brot

Topfenweggelen 186
Dinkel-Früchtebrot 186

Verschiedenes

Fichtenhonig 187
Löwenzahnhonig 187
Ribissaft 188
Himbeersirup 188

Register

Abkürzungen

TL Teelöffel
EL Eßlöffel
MS Messerspitze
dag Dekagramm (10 g)

 Variationen

 Küchentechnischer Tip

Küche und Essen in Südtirol

Landschaft, Siedlung und Landwirtschaft, ökonomische und soziokulturelle Aspekte haben stets die Kultur des Essens geprägt. Tradition ist im Aufschwung, zumindest im Umschwung. Ihre Bedeutung hat nachgelassen, wenngleich nach wie vor in ihr die Grundlage des heutigen Ernährungsverhaltens liegen. Traditionelle Mahlzeitenmuster prägen mehr oder weniger die Eßgewohnheiten in den verschiedenen Bezirken und Talschaften des Landes.

Am Schnittpunkt nordischer und südlicher Kulturen hat sich in Südtirol eine Eigendynamik entwickelt, welche ein recht buntes Bild vom Essen - und allem was dazu gehört - hervorbringt.

Das Bewußtsein in der Bevölkerung, selbst Verantwortung für die eigene Gesundheit und Gesunderhaltung übernehmen zu müssen und wollen, hat sich in den vergangenen Jahren massiv verstärkt. Lebensqualität, und damit auch Lebensmittelqualität, stehen im Vordergrund. Tradition und Fortschritt ergänzen und beleben sich, sind Wegweiser der weiteren Entwicklung, lenkend, fördernd, empfehlend und warnend!

Bozen, Überetsch und Unterland

Bereits 15 v. Chr., als die Römer mit Drusus über den Brenner bis nach Augsburg vorstießen, findet der Bozner Raum geschichtliche Erwähnung.

Das Siedlungsgebiet im Alpenraum mit seinen teils begünstigten kleinklimatischen Zonen war und ist Grundlage der verschiedenen Kultivierungsformen in der Landwirtschaft, und somit auch der Produktion von Nahrungsmitteln. Bekanntlich haben bereits die Römer die Weinrebe nach Südtirol gebracht und schon sehr früh einen Grundstein für die Landwirtschaft gelegt.

Gegen 800 n. Chr. wird der Name "Bauzanum", aus dem sich das heutige "Bozen" ableitet, erstmals dokumentiert. Im Mittelalter erblüht die Stadt zu einem bedeutenden Knotenpunkt und entwickelt sich zum Zentrum deutsch-italienischer Handelsgeschäfte.

Südländische und nordische Küche, vermischt mit bodenständigen Spezialitäten der Talschaften Südtirols, ergänzen sich von hier ausgehend zu einem umfangreichen und abwechslungsreichen Speisezettel.

Durch Handel und Bürgertum sind dem Bozner Raum die etwas "herrschaftlichen" Speisen zuzuordnen, wenngleich dies heute auch nicht mehr deutlich wird. Die Weinsuppe, das Bozner Herrengröstel, Spargel mit Boznersauce, wie auch der Bozner Zelten sind eine kleine Auswahl davon.

Das bekannteste, wohl auch typischste Tiroler Gericht, der Knödel, ist auf den romanischen Wandmalereien in der Burgkapelle von Hocheppan recht eindrucksvoll dokumentiert. In der Darstellung der Geburt Christi hat der Maler dieser Fresken eine "Knödelmacherin" verewigt; in der Kunst spricht man von der ersten Darstellung des Tiroler Knödels.

Spargelsuppe

1/2 kleine Zwiebel
25 dag Spargel
etwas Öl
1/16 l Weißwein
1 l Spargelsud
Salz, Pfeffer
3 EL Sahne
4 dag Spargelspitzen

✧ Spargel schälen
✧ aus Spargelschale und -enden einen Sud zubereiten
✧ würfelig geschnittene Zwiebel anrösten, Spargelstücke dazugeben
✧ mit Weißwein löschen
✧ mit etwas Spargelsud aufgießen
✧ 20 Minuten garen
✧ mit Mixstab pürieren
✧ aufgießen, würzen und ca. 5 Minuten kochen lassen
✧ Sahne und Spargelspitzen unterrühren und servieren

Spargel schälen: mit Kartoffelschäler, von der Spitze zum Stielende

Ronensuppe

etwas Öl
1 kleine Zwiebel
30 dag gekochte Ronen
1 l Wasser oder Fleischsuppe
1 Lorbeerblatt
Salz, Pfeffer
1 TL Butter
gebähte Brotwürfel

✧ Zwiebelwürfel anrösten
✧ Ronen- und Kartoffelwürfel dazugeben
✧ mit etwas Wasser oder Suppe aufgießen, würzen
✧ 20 Minuten garen
✧ mit Mixstab pürieren, abschmecken
✧ Butter unterrühren und mit Brotwürfel servieren

Gemüse waschen: nicht im Wasser liegen lassen, Vitamin-, Mineralstoff- und Eiweißverluste

Selleriecremesuppe

etwas Öl
1/2 Zwiebel
50 dag Sellerieknolle
1 l Gemüsesud oder Wasser
1/16 l Sahne
Salz, Pfeffer
Petersilie
2 Scheiben Toastbrot
1 Knoblauchzehe
etwas Öl

✧ Zwiebelwürfel anrösten
✧ Selleriewürfel dazugeben, mit Salz und Pfeffer würzen
✧ mit Wasser oder Sud aufgießen
✧ ca. 45 Minuten garen lassen
✧ mit dem Mixstab pürieren
✧ aufgießen, ca. 5 Minuten kochen lassen
✧ mit Sahne verfeinern und mit Knoblauch-Brotwürfel servieren

Gulaschsuppe

etwas Öl
1 kleine Zwiebel
20 dag Rindsschulter
1 Knoblauchzehe
Paprika, Salz, Majoran, Kümmel
Zitronenschale
1 l Wasser
20 dag Kartoffeln

Gewürze: nie direkt mit heißem Fett in Verbindung bringen, ansonsten werden sie bitter

✧ Zwiebelwürfel anrösten
✧ kleinwürfelig geschnittenes Fleisch dazugeben
✧ gut durchrösten
✧ Paprika und Salz dazugeben
✧ Knoblauch, Majoran, Kümmel und Zitronenschale fein hacken und dazugeben
✧ mit Wasser aufgießen
✧ kleine Kartoffelwürfel dazugeben
✧ weichkochen

Terlaner Weinsuppe

1/2 l Fleischsuppe
3 Eidotter
1/4 l Rahm
1/4 l Weißwein
1 Semmel
etwas Öl
Zimt

✧ Fleischsuppe erhitzen
✧ Dotter, Rahm und Weißwein hinzufügen
✧ mit Schneebesen Suppe cremig schlagen (nicht kochen lassen!)
✧ mit Brotwürfel und Zimt servieren

 Entfetten der Fleischsuppe: Suppe abkühlen lassen, Fett erstarrt, Fettschicht entfernen

Saure Suppe

50 dag Kuttelflecke
2 Lorbeerblätter
etwas Öl
1 kleine Zwiebel
3 dag Mehl
Salz, Pfeffer
1 Zitrone
1 Schuß Essig
Schnittlauch

✧ Kutteln sauber putzen, mit Lorbeerblätter weichkochen
✧ in feine Streifen schneiden
✧ eine dunkle Einbrenn zubereiten
✧ mit Wasser aufgießen
✧ würzen mit Zitronenschale, Salz und Pfeffer
✧ 10 Minuten kochen lassen
✧ Kuttelstreifen dazugeben
✧ einige Minuten kochen lassen
✧ abschmecken mit Essig, mit Schnittlauch bestreut servieren

Einbrenn: Zwiebelwürfel anrösten, mit Mehl stauben, unter Rühren hellbraun werden lassen, mit kaltem Wasser aufgießen

Bohnensuppe

etwas Öl
1/2 Zwiebel
12 dag Bohnen
4 dag Suppennudeln
1 Lorbeerblatt
Salz, Pfeffer
Schnittlauch

*die Hälfte der Bohnen
mit Mixstab pürieren*

- Bohnen über Nacht einweichen
- würfelig geschnittene Zwiebel anrösten lassen
- Bohnen und Lorbeerblatt dazugeben, mit etwas Einweichwasser aufgießen
- Bohnen gar kochen
- die letzten 10 Minuten Nudeln dazugeben
- Suppe abschmecken und mit Schnittlauch bestreut servieren

Spargelrisotto

1/2 kleine Zwiebel
12 dag grüne Spargel
etwas Öl
1/16 l Weißwein
16 dag Rundkornreis
Salz, Pfeffer
Spargelsud
5 dag Parmesankäse
3 EL Sahne
3 dag Spargelspitzen

weißen Spargel anstelle von grünem Spargel verwenden

- ⋄ Zwiebelwürfel anrösten
- ⋄ Spargelstücke und Reis dazugeben
- ⋄ mit Weißwein löschen
- ⋄ würzen und mit etwas heißer Flüssigkeit aufgießen
- ⋄ verdunsten lassen und wiederum etwas aufgießen
- ⋄ so fortfahren bis der Reis kernig weich ist
- ⋄ Parmesankäse und Sahne unterrühren
- ⋄ mit gekochten Spargelspitzen servieren

Radicchiorisotto

etwas Öl
1 kleine Zwiebel
14 dag Radicchio (Radicchio Trevisano)
16 dag Rundkornreis
1/16 l Weißwein
Salz, Pfeffer
Wasser oder Gemüsesud
5 dag Parmesankäse
4 dag Butter
Petersilie

Salate und Gemüse mit
kaltem Wasser waschen, ansonsten Verluste von wertvollen Inhaltsstoffen

- ⋄ Zwiebelwürfel anrösten
- ⋄ Reis und Radicchiostreifen dazugeben
- ⋄ etwas glasig werden lassen
- ⋄ mit Weißwein löschen und würzen
- ⋄ mit etwas heißer Flüssigkeit aufgießen
- ⋄ verdunsten lassen und wiederum etwas aufgießen
- ⋄ so fortfahren bis der Reis kernig weich ist
- ⋄ Risotto von der Herdplatte nehmen
- ⋄ Käse und Butter unterrühren, mit Petersilie servieren

Aschernudel

25 dag Schwarzpolentamehl
5 dag Weizenmehl
2 Eier
Salz, frische Kräuter
Milch nach Bedarf
3 dag zerlassene Butter
5 dag Parmesankäse

- ⬥ alle Zutaten zu einem nicht zu weichen Teig kneten
- ⬥ 1/2 Stunde rasten lassen
- ⬥ messerrückendick auswalken
- ⬥ in 2 x 2 cm dicke Streifen schneiden
- ⬥ in Salzwasser kochen
- ⬥ mit zerlassener Butter und Parmesankäse servieren

 Wasser erst salzen, wenn es kocht

Schwarzplentene Spatzlan

20 dag Schwarzpolentamehl
10 dag Weizenmehl
ca. 1/8 l Wasser
2 Eier
1 EL Öl
Salz, Pfeffer, Muskatnuß
4 dag Butter
4 dag Parmesankäse
Schnittlauch

- ⬥ Mehl, Wasser, Öl, Gewürze glattrühren
- ⬥ Eier dazugeben
- ⬥ Teig durch ein Spatzlsieb ins kochende Salzwasser drücken
- ⬥ aufkochen lassen, herausnehmen, abschrecken
- ⬥ Spatzlan in zerlassener Butter schwenken, mit Parmesankäse und Schnittlauch bestreuen

Bozen, Überetsch, Unterland ❧ Fastenspeisen

Gefüllte Teigtaschen

25 dag Weizenmehl
2 Eier
2 EL Öl
Salz

Fülle:

15 dag Wirsing
8 dag Topfen
1/2 Zwiebel
2 Knoblauchzehen
etwas Öl
Salz, Pfeffer, Petersilie
zerlassene Butter
Parmesankäse
Schnittlauch

- ◇ Mehl, Eier, Öl und Salz zu einem Nudelteig zusammenkneten
- ◇ 1 Stunde kühl rasten lassen
- ◇ Nudelteig dünn auswalken, mit Fülle belegen, zusammenlegen und rund ausstechen
- ◇ in Salzwasser 5 Minuten leicht kochen
- ◇ mit Parmesankäse, Butter und Schnittlauch servieren

Fülle:

- ◇ würfelig geschnittene Zwiebel anrösten, fein gehackten Wirsing und Knoblauch dazugeben, mit Weißwein löschen, 5 Minuten dünsten, würzen und Topfen untermengen

Weißkraut anstelle von Wirsing

Spargel mit Kräutersauce

20 Stk. Spargel
Salz, Zitronensaft
1 Dotter
Salz, Pfeffer
1 Schuß Essig
1 TL Senf
2 EL Öl
200 ml Naturjoghurt
feingehackte Kräuter

Durch das Joghurt wird die Mayonnaise leichter verdaulich

✧ Spargel schälen und weichkochen
✧ aus Dotter, Gewürzen, Essig, Senf und Öl eine Mayonnaise zubereiten
✧ Joghurt und feingehackte Kräuter mit Schneebesen unterrühren
✧ Spargel mit Sauce, Schinken und Kartoffeln servieren

Spaghetti mit Zucchinisauce

etwas Öl
1/2 Zwiebel
20 dag Zucchini
Salz, Pfeffer
Salbei, Rosmarin
Petersilie
1 Eidotter
1/8 l Sahne
4 dag Parmesankäse
38 dag Spaghetti

✧ Zwiebelwürfel glasig werden lassen
✧ Zucchiniwürfel dazugeben
✧ ca. 15 Minuten dünsten lassen
✧ würzen, gehackte Kräuter unterrühren
✧ von der Herdplatte nehmen, Sahne, Eidotter und Parmesankäse unterrühren
✧ die Spaghetti mit der Zucchinisauce mischen

 Dünsten: schonende Garmethode, für Gemüse geeignet

Maccheroni mit Pfifferlingsauce

etwas Öl
1 kleine Zwiebel
50 dag Pfifferlinge
1 Knoblauchzehe
etwas Weißwein
Salz, Pfeffer
2 dag Mehl
Petersilie
1/8 l Sahne
38 dag Maccheroni

✧ Zwiebelwürfel anrösten
✧ grob geschnittene Pfifferlinge dazugeben
✧ sobald eigener Saft verdunstet ist, mit Weißwein löschen
✧ würzen und mit Mehl stauben
✧ aufgießen und ca. 20 Minuten garen lassen
✧ Petersilie und Sahne unterrühren
✧ Nudeln kernig kochen und mit der Pfifferlingsauce vermischen

 Pilzgerichte nicht aufwärmen, sie verlieren dabei Geschmack und Aussehen

Schuffa

5 dag Butter	✧ Butter in einer Pfanne schmelzen
1 l kalte Milch	
1/2 l Wasser	✧ Milch, Wasser und Salz dazugeben
1 TL Salz	
5 EL Mehl	✧ Mehl langsam einrühren
hartes Roggenbrot	✧ unter ständigem Rühren zum Kochen bringen
	✧ 15 Minuten kochen lassen
	✧ dabei ständig rühren
	✧ vor dem Servieren kleine Roggenbrotbröckchen hineinrühren

Bozner Herrengröstel

80 dag Kartoffeln 1 Zwiebel etwas Öl 50 dag gekochte Rindsschulter Salz, Pfeffer, Majoran 1 Lorbeerblatt 1/8 l Fleischsuppe	✧ Kartoffeln dämpfen, schälen, auskühlen lassen ✧ in Scheiben schneiden ✧ würfelig geschnittene Zwiebel anrösten ✧ Kartoffeln dazugeben, salzen, pfeffern und Kräuter dazugeben ✧ gut durchrösten ✧ blättrig geschnittenes Fleisch dazugeben ✧ alles gut durchrösten ✧ mit wenig Fleischsuppe aufgießen, durchschwenken und mit Krautsalat servieren

 Fleischsuppe: grobgehacktes Wurzelwerk anrösten, aufgießen, kochen lassen, Fleisch hinzufügen, köcheln lassen

Käselaibchen

60 dag Faschiertes
2 Eier
1 alte Semmel
etwas Milch
1 kleine Zwiebel
1 Knoblauchzehe
15 dag Käse (Fontal, Italico ...)
Salz, Pfeffer
Muskatnuß
Majoran, Petersilie

1 EL Parmesankäse
✧ Semmel mit Milch einweichen
✧ alle Zutaten mit dem Faschierten und dem feingehackten Brot vermengen
✧ kleine Laibchen formen
✧ auf beiden Seiten gut anbraten
✧ mit lauwarmem Kartoffelsalat servieren

 feingehacktes Gemüse unter die Masse mengen

Bozner Stockfischgröstel

50 dag gekochte Kartoffeln
60 dag Stockfisch
1 kleine Zwiebel
etwas Öl
Salz, Pfeffer
2 Lorbeerblätter
1/8 l Sahne
Petersilie

✧ Fisch ca. 10 Minuten kochen
✧ entgräten und in Stücke schneiden
✧ Zwiebelwürfel und Kartoffelscheiben anrösten
✧ würzen und Fisch unterrühren
✧ gut durchrösten
✧ Sahne untermischen und einziehen lassen
✧ mit Petersilie bestreuen

 Fischgerichte nicht aufwärmen, Eiweißvergiftung

Kalbsbeuschel

1/2 kg Beuschel 1 l Fleischsuppe oder Wasser etwas Öl 1 Zwiebel 1 Knoblauchzehe Paprika 1 MS Neugewürz 1 MS Nelkenpulver Zitronenschale, Pfeffer Muskatnuß, Salz Lorbeerblätter einen Schuß Essig oder Zitronensaft 30 dag Kartoffeln	✧ würfelig geschnittene Zwiebel anrösten ✧ faschiertes Beuschel dazugeben, würzen und gut durchrösten ✧ mit Wasser oder Suppe aufgießen ✧ Lorbeerblätter, Schuß Essig und Kartoffelwürfel dazu geben ✧ ca. 30 Minuten kochen lassen ✧ abschmecken und servieren

anstelle der Kartoffeln Polenta oder Knödel als Beilage servieren

Kriegsgulasch (Katzengschroa)

1 Zwiebel 2 Knoblauchzehen etwas Öl 1 EL Mehl 1/16 l Essig 1/8 l Wasser oder Suppe 2 Lorbeerblätter Pfeffer, Salz etwas Zitronenschale 40 dag gekochtes Rindfleisch (Schulternahtl) 40 dag gekochte Kartoffeln Schnittlauch	✧ würfelig geschnittene Zwiebel anrösten ✧ mit Mehl stauben ✧ mit Essig löschen, mit Suppe oder Wasser aufgießen, würzen ✧ Lorbeerblätter, Zitronenschale, würfelig geschnittenes Fleisch und Kartoffeln dazugeben ✧ 5 Minuten garen lassen ✧ mit Schnittlauch servieren

Kartoffeln unzerkleinert mit der Schale garen

Teufelsfleisch

60 dag Schweinsschulter
Salz, Pfeffer, Kümmel
1 Zwiebel
etwas Öl
1 Knoblauchzehe
3 Sardellen
2 Essiggurken
1 TL Kapern
1 EL scharfer Senf
ca. 1/2 l Wasser
1 EL Mehl
gehackte Petersilie

✧ Fleisch in Würfel schneiden und von allen Seiten gut anbraten
✧ feingehackte Zwiebel, Knoblauch, Sardellen, Kapern und Gurken dazugeben
✧ würzen und gut durchrösten
✧ stauben und aufgießen
✧ zugedeckt weichdünsten
✧ Petersilie untermengen
✧ zu Fastenknödel oder Kartoffeln servieren

Gulasch schneiden: quer zur Faser, ansonsten wird Fleisch zäh

Kalbsleber auf venezianische Art

40 dag geschnetzelte Kalbsleber
1 Zwiebel
etwas Öl
1/8 l Weißwein
etwas Fleischsuppe
Majoran, Salz
weißer Pfeffer
Zitronensaft
gehackte Petersilie

✧ Kalbsleber in etwas Öl rasch anbraten, herausnehmen und warmhalten
✧ mit Weißwein löschen, angeröstete Zwiebelwürfel dazugeben, mit Fleischsuppe aufgießen
✧ aufkochen lassen, würzen, Majoran und Zitronensaft dazugeben, abschmecken
✧ Kalbsleber untermischen und mit gehackter Petersilie servieren

Leber erst nach dem Anbraten salzen, sonst wird sie hart

Vinschger Brotsuppe
Rezept auf Seite 57

Bozner Herrengröstel
Rezept auf Seite 29

Lammrücken mit Knoblauchsauce

80 dag Lammrücken
Salz, Pfeffer
1/8 l Weißwein
4 Knoblauchzehen
1 TL mittelscharfer Senf
Minzeblätter
1/8 l Fleischsuppe
4 dag Butter

- Lammrücken salzen und pfeffern
- in der Pfanne scharf anbraten
- mit Weißwein löschen
- für 10 Minuten bei 200°C ins Rohr schieben
- gehackte Knoblauchzehen, Minzeblätter, Senf und Fleischsuppe dazugeben
- für 7 Minuten ins Rohr schieben
- Sauce passieren, eventuell mit etwas Butter verfeinern und zum Lammrücken servieren

Kräuter erst nach dem Anbraten aufstreichen, sonst verbrennen sie

Gedünstete Kalbskoteletts

4 Kalbskoteletts
Salz
1 kleine Zwiebel
etwas Öl
15 dag Tomaten
Basilikum
Petersilie
4 dag Parmesankäse

- Zwiebelwürfel anrösten
- Tomatenwürfel und Kalbskoteletts dazugeben
- 30 Minuten dünsten lassen
- ab und zu umdrehen
- mit feingehackten Kräutern abschmecken
- Kalbskoteletts mit Parmesankäse bestreuen und mit Reis oder Kartoffeln servieren

Kräuterforelle

4 Stk. Forellen
Saft von 1 Zitrone
Petersie, Basilikum
Thymian, Oregano
Salz, Pfeffer
1 Knoblauchzehe
1 EL Olivenöl

- ✧ für die Kräutermischung Knoblauch, Kräuter fein hacken und mit Salz und Pfeffer mischen
- ✧ die ausgenommene Forelle mit der Kräutermischung innen und außen bestreichen
- ✧ in Aluminiumfolie einwickeln
- ✧ im vorgeheizten Rohr bei 180°C ca. 30 Minuten garen
- ✧ Forelle filetieren, mit Olivenöl beträufeln
- ✧ zu Kartoffelbeilagen und Gemüse servieren

Fische säubern, säuern, salzen (3-S-Regel, Reihenfolge beachten)

Gesurtes Schweinernes mit Kraut

70 dag Schweinefleisch
1 Knoblauchzehe
1 Lorbeerblatt
30 dag Sauerkraut
Salz, Kümmel

✧ Fleisch mit Knoblauch, Lorbeerblatt und Gewürzen ca. 1 Stunde in Wasser kochen
✧ die letzten 15 Minuten Sauerkraut dazugeben
✧ mit Röstkartoffeln oder Fastenknödel servieren

 zum Kochen sind Schweinsschulter, -bauch, -schopf und -haxe geeignet

Kalbsschnitzel mit Pilzen

etwas Öl
4 Kalbsschnitzel
Salz, Pfeffer
1 kleine Zwiebel
10 g getrocknete Steinpilze
etwas Mehl
Thymian

✧ Pilze ca. 10 Minuten in Wasser einweichen
✧ Schnitzel auf beiden Seiten gut anbraten
✧ Schnitzel warm stellen
✧ Zwiebelwürfel anrösten
✧ ausgedrückte, grobgehackte Pilze dazugeben
✧ mit etwas Mehl stauben und mit Pilzwasser aufgießen
✧ 3 Minuten leicht kochen lassen
✧ Sauce abschmecken, Schnitzel einlegen und ca. 2 Minuten in der Sauce ziehen lassen

Kakaotorte

7 dag Butter
5 dag Kakao
1 Ei
15 dag Zucker
1/4 l Milch
20 dag Mehl
2 EL Rum
1 Backpulver

- ✧ Butter, Zucker, Kakao und Ei zu einer flaumigen Masse rühren
- ✧ gesiebtes Mehl mit Milch und Rum vorsichtig unterheben
- ✧ in eine befettete und bemehlte Form einfüllen
- ✧ im vorgeheizten Rohr bei 180°C ca. 45 Minuten backen

Torte halbieren und mit Sahne oder Marmelade füllen

Mittwochschnitten

10 dag Butter
18 dag Zucker
1 Vanillezucker
3 Eier
Saft und Schale von 1 Zitrone
42 dag Weizenmehl
1 Backpulver
1/8 l Milch

- ✧ Butter, Zucker und Dotter zu einer flaumigen Masse rühren
- ✧ gesiebtes Mehl, Zitronensaft, -schale und Milch vorsichtig unterrühren
- ✧ steif geschlagenes Eiweiß unterheben
- ✧ Masse auf ein Blech aufstreichen
- ✧ bei 180°C ca. 30 Minuten backen
- ✧ Schnitten schneiden

Bozen, Überetsch, Unterland ❦ Süßspeisen und Gebäck

Tschöggelberger Krapfen

50 dag Weizenmehl
Salz
1 Ei
5 dag Butter
ca. 1/4 l lauwarme Milch
1 EL Rum
2 EL Öl
Marillenmarmelade
zum Füllen
Fritieröl

- alle Zutaten zu einem mittelfesten Teig zusammenkneten
- 1 Stunde rasten lassen
- Teig dünn auswalken
- auf der Hälfte des Teigblattes in regelmäßigen Abständen von ca. 3 cm mit einem Teelöffel Marmelade daraufgeben
- Teigblatt zusammenschlagen
- mit Teigradl Rhomben ausradeln (jeweils zwischen der Fülle)
- im heißen Fett beidseitig hell backen

 dem Teig Alkohol zufügen, dadurch wird beim Fritieren weniger Fett aufgesaugt

Bozen, Überetsch, Unterland 🌿 Süßspeisen und Gebäck

Haferflockenbusserln

25 dag Haferflocken
12 dag Zucker
8 dag Butter
5 dag gehackte Nüsse
5 dag geriebene Schokolade
2 Eier
2 TL Backpulver
2 EL Mehl
1 EL Rum
Saft von 1/2 Zitrone
1 Vanillezucker
2 MS Zimt

✧ Butter mit Haferflocken und Zucker abrösten
✧ auskühlen lassen
✧ Eier, Zucker, Vanillezucker und Zimt schaumig schlagen
✧ alle Zutaten zur Schaummasse geben
✧ mit 2 Teelöffeln Häufchen auf das befettete Blech setzen
✧ bei 170°C hell backen

Omas Kloazenstrudel

25 dag Mehl
5 dag Butter
5 dag Zucker
1 Dotter
1/8 l Milch
1/2 Backpulver

Fülle:

20 dag Kloazen
ca. 1/2 l Wasser
1 EL Zimt
1 EL Rum
Schale von 1 Zitrone

Blech nicht befetten,
Mürbteig enthält
genügend Fett

✧ Mehl mit Butter abbröseln
✧ restliche Zutaten rasch einarbeiten
✧ 1/2 Stunde kühl rasten lassen
✧ Teig auswalken, mit Fülle bestreichen, einrollen, mit Ei bestreichen
✧ 1 Stunde bei 180°C hell backen

Fülle:

✧ Kloazen weichkochen, faschieren, mit den Geschmackszutaten vermischen

Rhabarbertorte

Teig:
25 dag Mehl
10 dag Butter
6 dag Zucker
1 Ei
1/2 Backpulver

Belag:
80 dag Rhabarber

Guß:
1/8 l Sahne
1 Dotter
8 dag Zucker
1 TL Zimt
5 dag gemahlene, geschälte Mandeln

- Mehl mit Butter abbröseln
- restliche Zutaten dazu geben und rasch zusammenkneten
- 1/2 Stunde kühl rasten lassen
- Rhabarber schälen, in Stücke schneiden
- Tortenform mit Teig auslegen
- Rhabarberstücke darauf verteilen
- Torte ca. 20 Minuten bei 180°C backen
- Guß darüberschütten, 15 Minuten fertigbacken

Guß:
- alle Zutaten vermengen

 Mandeln schälen: in kochendes Wasser geben, abschrecken und Schale entfernen

Bozner Weihnachtszelten

75 dag Sultaninen
15 dag Datteln
25 dag Feigen
10 dag Mandeln
10 dag Haselnüsse
15 dag Walnüsse
6 dag Pignoli
1/16 l Rum
1/16 l Brandy
1/2 TL Zimt
1 MS Nelkenpulver
Saft und Schale von 3 Orangen

Brotteig:
10 dag Roggenmehl
5 dag Weizenmehl
2 dag Germ
1/2 TL Zucker
Salz, Kümmel
lauwarmes Wasser

✧ Sultaninen, gehackte Mandeln, Datteln, Feigen, Nüsse, Walnüsse, Pignoli, Zimt, Nelkenpulver, Orangensaft und -schale mischen
✧ Brandy und Rum dazugeben
✧ über Nacht zugedeckt stehen lassen
✧ Früchtemasse mit Brotteig vermischen
✧ mit feuchten Händen kleine Laibe formen
✧ mit Mandeln verzieren
✧ bei 180°C ca. 40 Minuten backen
✧ öfters mit Honigwasser bestreichen

Brotteig:

✧ Mehle mischen, Dampfl zubereiten, alles mischen und zu einem eher weichen Germteig zusammenkneten, ca. 40 Minuten gehen lassen

 anstelle von Brotteig Strudelteig verwenden

Apfelkiechl

4 Stück Äpfel
Saft von 1 Zitrone
Zimt
12 dag Mehl
2 Eier
1 Prise Salz
1/8 l Milch
2 EL Rum
Staubzucker zum Bestreuen
Fritieröl

✧ Äpfel schälen, Kerngehäuse ausstechen
✧ in fingerdicke Scheiben schneiden
✧ mit Zitronensaft beträufeln und mit Zimt bestreuen
✧ aus Mehl, Dotter, Salz, Milch, Rum und steifgeschlagenem Eiweiß einen Backteig zubereiten
✧ Apfelscheiben eintauchen
✧ in heißem Öl goldgelb backen
✧ mit Staubzucker bestreuen

anstelle von Milch Weißwein verwenden

Kokosecken

10 dag Honig
10 dag Marzipan
4 dag Zucker
1 Vanillezucker
1 Dotter
1 EL Rum
5 dag Butter
25 dag Mehl
1/2 Backpulver
2 Eiweiß
5 dag Kokosflocken
1 EL Ribisgelee

- ✧ einen Rührteig aus Honig, Zucker, Dotter, Rum, Butter und Mehl und Backpulver zubereiten
- ✧ Masse auf ein befettetes Blech streichen
- ✧ bei 175°C ca. 10 Minuten backen
- ✧ Eiweiß leicht verschlagen, Marzipanstücke unterheben, Kokosflocken unterrühren
- ✧ vorgebackenen Teig mit Gelee bestreichen
- ✧ Marzipan-Kokosmasse darauf verteilen
- ✧ bei 175°C ca. 20 Minuten backen
- ✧ heiß in 3 x 4 cm große Stücke schneiden

eine Ecke bis zur Hälfte in Schokoladeglasur tauchen

Völser Kirchtagskrapfen

50 dag Weizenmehl
1 Ei
5 dag zerlassene Butter
1/4 l Milch, lauwarm
Salz

Fülle:
20 dag Kloazen
ca. 1/2 l Wasser
1 EL Zimt
1 MS Nelkenpulver
Zitronenschale
1 Schuß Rum
Marmelade nach Geschmack

Fritieröl

Krapfen auf Küchenpapier abtropfen lassen

- ✧ alle Zutaten zu einem glatten Teig verarbeiten
- ✧ 2 Stunden zugedeckt rasten lassen
- ✧ dünn auswalken
- ✧ die Hälfte des Teiges mit Fülle bestreichen, mit der anderen Hälfte zudecken
- ✧ Krapfen ausradeln
- ✧ im heißen Öl goldgelb backen

Fülle:
- ✧ Kloazen weichkochen, faschieren, mit den Geschmackszutaten vermischen

Plenten Broater (Buchweizenschmarren)

40 dag Buchweizenmehl
Salz
ca. 1/4 l Wasser und Milch
2 Stk. Äpfel
etwas Butter

- ✧ Mehl mit Salz, Wasser und Milch zu einem flüssigen Teig verrühren
- ✧ ca. 2 Stunden rasten lassen
- ✧ dabei öfters mit dem Schneebesen umrühren
- ✧ gehobelte Äpfel unterrühren
- ✧ Butter zerlassen und unter zweimal den Teig herausbacken
- ✧ mit Preiselbeermarmelade oder Milch servieren

Pfingstgrungeln

50 dag Weizenmehl
etwas Salz
1 Prise Zucker
2 Eier
ca. 1/4 l lauwarme Milch

Fülle:

20 dag Mohn
5 dag Zucker
2 dag Honig Zimt
Schale von 1/2 Zitrone

Fritieröl

- ◆ Mehl, Salz, Zucker, Eier und Milch verrühren
- ◆ für die Fülle alle Zutaten mischen, eventuell etwas Wasser dazugeben (Fülle muß aber fest bleiben)
- ◆ von der Fülle nußgroße Kugeln formen, in den Teig tunken
- ◆ in heißem Öl fritieren

Erdbeerstanitzel

2 Eier
2 Eier schwer Zucker
2 Eier schwer Mehl
1/4 l Sahne
20 dag Erdbeeren

- ◆ Eier, Zucker und gesiebtes Mehl kurz verrühren
- ◆ auf ein Backpapier Kreise aufzeichnen
- ◆ Papier aufs Blech geben und die Kreise dünn mit Masse bestreichen
- ◆ bei 180°C hell backen
- ◆ sofort vom Blech lösen und heiß zu Stanitzel drehen
- ◆ mit steif geschlagener Sahne und Erdbeeren servieren

Bozen, Überetsch, Unterland ❧ Süßspeisen und Gebäck

Sarner Ofenkrapfen

50 dag Roggenmehl
8 dag Zucker
8 dag Butter
2 Eier
2 dag Germ
etwas Salz
warme Milch nach Bedarf
1 TL Kümmel
1 TL Fenchel

Fülle:

8 dag gedörrte Birnen
8 dag getrocknete Kastanien
5 dag gemahlener Mohn
etwas Zimt, Nelkenpulver
6 dag Zucker

- ✧ Mehl mit Salz, Zucker und Gewürzen mischen
- ✧ Dampfl bereiten
- ✧ mit zerlassener Butter und Milch zu einem festen Germteig verkneten
- ✧ zugedeckt gehen lassen
- ✧ Rolle formen, Stücke herunterschneiden
- ✧ zu 1/2 cm dicken, ovalen Blättern auswalken
- ✧ der Länge nach mit Fülle belegen, zusammenklappen und abradeln
- ✧ ca. 1/2 Stunde gehen lassen
- ✧ bei 180°C hellbraun backen

Fülle:

- ✧ Birnen und Kastanien weichkochen
- ✧ passieren, mit Mohn, Zucker und Gewürzen mischen

Bozen, Überetsch, Unterland 🙵 Brot

Osterbrot

30 dag Weizenvollkornmehl
3 dag Germ
2 dag Zucker
2 Dotter
3 dag Butter
1/8 l Milch
Salz
1 EL Anis

Weizenbrote mit lauwarmem Wasser, Kaffee oder Milch bestreichen, Brote bekommen glatte Kruste

- ✧ Dampfl zubereiten
- ✧ Mehl mit Salz und Anis mischen
- ✧ mit lauwarmer Milch, Dotter, zerlassener Butter zu einem Brotteig abkneten
- ✧ 1 Stunde gehen lassen
- ✧ Laibe formen und bestreichen
- ✧ nochmals gehen lassen
- ✧ 50 Minuten bei 200°C backen

Roggenkörnerbrot

30 dag Roggenvollkornmehl
20 dag Weizenvollkornmehl
15 dag gekochte Roggenkörner
3 dag Germ
1/4 l Buttermilch
1 TL Zucker
1 TL Salz

Brot backen: hohe Anfangstemperatur (220°C) dann zurückschalten auf 200°C

- ✧ Dampfl zubereiten
- ✧ Mehl und Roggenkörner mischen
- ✧ mit lauwarmer Buttermilch und Salz zu einem Brotteig abkneten
- ✧ ca. 1 Stunde gehen lassen
- ✧ 3 gleich große Laibe formen, etwas flachdrücken
- ✧ Laibe mit einer Gabel mehrmals einstechen
- ✧ bei 220°C ca. 30 Minuten backen

Holzhackerbrot

35 dag Roggenvollkornmehl
15 dag Weizenvollkornmehl
5 dag Sauerteig
14 dag Haferflocken
3 dag Germ
1 TL Zucker
1 TL Salz
ca. 1/4 l Milch
1 TL Kümmel
1 TL Brotklee

✧ Dampfl zubereiten
✧ Mehle mit Salz, Kümmel und Brotklee mischen
✧ mit lauwarmer Milch, Sauerteig und Haferflocken zu einem Brotteig abkneten
✧ ca. 1 Stunde gehen lassen
✧ einen Laib formen
✧ 30 Minuten gehen lassen
✧ bei 220°C ca. 1 Stunde backen

 Gewürze mahlen bzw. zerstoßen, dadurch entfalten sie ein besseres Aroma

Saure Zucchini

2 kg Zucchini
6 Weingläser Öl
4 Weingläser Essig
2 Zwiebeln
30 Basilikumblätter
6 Knoblauchzehen
2 TL Salz

✧ Zucchini und Zwiebel in Scheiben schneiden, Basilikum fein hacken
✧ alle Zutaten ca. 15-20 Minuten garen
✧ heiß in saubere Gläser füllen
✧ sofort verschließen

Malzzuckerlen

1 Tasse frischer Rahm
1 Tasse Zucker
1/2 Tasse Milch
1 EL Honig

✧ alle Zutaten aufkochen lassen
✧ Masse solange kochen, bis sie bräunlich wird
✧ auf ein befettetes Blech gießen und fast erkalten lassen
✧ in kleine Vierecke schneiden

zusätzlich 3 dag geriebene Nüsse unterrühren

Gekochtes Rindfleisch mit Kräutersauce
Rezept auf Seite 101

Fischfilet mit Gemüse
Rezept auf Seite 103

Orangen-Punsch

1 l Schwarztee
2 l Wasser
5 Stk. Orangen
2 Stk. Zitronen
1 l Weißwein
1 Glas Rum
Zucker nach Bedarf

- ✧ kochendes Wasser über Saft und Schale von Orangen und Zitronen schütten
- ✧ Tee, Weißwein, Rum und Zucker dazugeben
- ✧ im Wasserbad ziehen lassen
- ✧ in Flaschen einfüllen

Marillenlikör

50 dag Marillen
500 ml Brandy
15 dag Kandiszucker
1 Vanilleschoten
2 Marillenblätter
1/8 l Wasser
15 dag Zucker

- ✧ Marillen mit dem Brandy, dem Kandiszucker, Vanilleschote und Marillenblätter ca. 4 Wochen bei Zimmertemperatur stehen lassen
- ✧ täglich schütteln
- ✧ Likör abseihen
- ✧ Wasser mit Zucker aufkochen, abkühlen
- ✧ mit dem Marillenlikör mischen

Beerenlikör

1 kg Beeren (Himbeeren, Johannisbeeren)
1 l Schnaps
8 Stk. Gewürznelken
Zimtrinde
40 dag Zucker
1/2 l Wasser

- ✧ Beeren und Schnaps ca. 3 Wochen ziehen lassen
- ✧ Gewürznelken und Zimtrinde dazugeben
- ✧ Zucker und Wasser aufkochen
- ✧ auskühlen lassen
- ✧ mit dem Beerenlikör mischen
- ✧ in Flaschen einfüllen

Vinschgau

Der Vinschgau als westlichster Bezirk des Landes beheimatet eine Vielzahl an Kunstdenkmälern, insbesondere aus romanischer und karolingischer Zeit. St. Prokulus in Naturns, St. Benedikt in Mals und die Fresken in der Krypta des Klosters Marienberg sind, mit vielen anderen, kunsthistorische Schätze aus vergangenen Epochen.

Der obere Vinschgau, wo einst romanische auf alemannische Kultur gestoßen ist, mit seiner typisch romanischen Siedlungsform des Haufen- oder Massendorfes unterscheidet sich deutlich vom unteren Vinschgau, wo die Höfe des Sonnenberges und des Nörderberges dem Tal seinen Siedlungscharakter geben.

Einstmals wegen seiner geographisch günstigen Ost-West-Lage (die Gemeinde Mals hat die meisten jährlichen Sonnenstunden des Landes) als Kornkammer Südtirols bezeichnet, haben heute andere landwirtschaftliche Kulturformen das Getreide im Vinschgau verdrängt. Gemüsebau und Obstbau machen sich heute fast im gesamten Tal breit. In den rauheren Seitentälern produziert die landwirtschaftliche Bevölkerung mit Erfolg Beerenobst, hauptsächlich Erdbeeren und Himbeeren.

Die Vinschgauer Marillen sind landesweit ein Begriff. Natürlich ist es dabei zu den Marillenknödeln nicht weit. Vinschgauer Schneemilch und das Melchermuas mit Palabirn sind für die Küche der Talschaft bezeichnend.

Vinschgau 🙵 Suppen

Vinschger Brotsuppe

1 kleine Zwiebel
etwas Öl
1 Vinschger Paarlbrot oder 18 dag Roggenbrot
2 Eier
Salz, Pfeffer, Petersilie
1 l Fleischsuppe oder Wasser

- ✧ würfelig geschnittene Zwiebel anrösten
- ✧ würfelig geschnittenes Brot dazugeben und mitrösten
- ✧ mit heißer Suppe aufgießen, würzen
- ✧ einige Minuten kochen lassen
- ✧ die Eier in der Suppe gut versprudeln
- ✧ Suppe aufteilen und mit gehackter Petersilie bestreuen

Knoblauchsuppe

6 Knoblauchzehen
etwas Öl
1 kleine Zwiebel
1/2 EL Mehl
Salz
1 l Fleischsuppe oder Wasser
2 EL frische, gemischte Kräuter
1 EL Sahne

Sahne binden: Suppe mit Sahne nicht mehr aufkochen, ansonsten gerinnt sie

- ✧ würfelig geschnittene Zwiebel anrösten
- ✧ gepreßte Knoblauchzehen dazugeben
- ✧ mit Mehl stauben, mit etwas Wasser oder Suppe aufgießen, würzen
- ✧ 15 Minuten leicht kochen lassen
- ✧ restliche Suppe dazugeben, aufkochen lassen
- ✧ gehackte Kräuter und Sahne unterrühren

Sauerkrautsuppe

1 kleine Zwiebel
etwas Öl
25 dag Sauerkraut
1 Lorbeerblatt
2 Wacholderbeeren
1/2 Teelöffel Kümmel
Salz, Pfeffer
1 kleine Kartoffel
1 EL saure Sahne
1 l Fleischsuppe

- würfelig geschnittene Zwiebel anrösten
- Sauerkraut dazugeben, mit etwas Suppe aufgießen
- Lorbeerblatt, Wacholderbeeren und Kümmel dazugeben
- ca. 10 Minuten langsam kochen lassen
- rohe Kartoffel in die Suppe reiben, salzen, pfeffern und mit der restlichen Suppe aufgießen
- 5 Minuten kochen lassen
- Sahne unterrühren und servieren

 Suppe binden: durch die Stärke der Kartoffel ist kein Mehl mehr notwendig

Vinschgau 🙵 Suppen

Kartoffelnockensuppe

4 dag Butter
Salz, Pfeffer
Muskatnuß
12 dag passierte Kartoffeln
3 dag Mehl
1 Ei
Fritieröl

✧ Butter flaumig rühren
✧ alle übrigen Zutaten dazurühren
✧ kleine Nocken formen
✧ in heißem Öl schwimmend herausbacken
✧ mit Gemüsesud servieren

Gemüsesud: grobgeschnittenes Wurzelwerk anrösten, mit Wasser aufgießen, 30 Minuten köcheln lassen

Kastaniensuppe

30 dag getrocknete Kastanien
15 dag getrocknete Bohnen
Salz
1 Prise Zucker
1 Prise Zimt

✧ Kastanien und Bohnen getrennt über Nacht einweichen
✧ Kastanien von der feinen Haut säubern
✧ alles zusammen ca. 1 1/2 Stunden kochen lassen
✧ würzen mit Salz, Zucker und Zimt
✧ Suppe mixen und abschmecken

Erdäpfelsuppe mit Brotwürfel

1 Zwiebel	✧ Zwiebelwürfel anrösten
etwas Öl	✧ Kartoffelwürfel dazugeben, anrösten
50 dag Kartoffeln	
Salz, Pfeffer	✧ mit Weißwein löschen
Majoran	✧ würzen und mit etwas Wasser aufgießen
1/16 l Weißwein	
3 dag Butter	✧ dünsten lassen
Majoran	✧ Suppe pürieren, aufgießen, aufkochen lassen und abschmecken
1 Semmel	
	✧ Butter und Majoran unterrühren
	✧ mit gebähten Brotwürfeln servieren

Spinat-Reibe-Kuchen

30 dag Kartoffeln
4 dag Mehl
Salz
3 Eier
etwas Öl

Fülle:
25 dag Spinat
Salz, Pfeffer
Muskatnuß
4 dag Parmesankäse
eventuell 1 EL Milch

✧ Kartoffeln schälen und fein reiben
✧ mit Mehl, Salz und Eiern gut vermengen
✧ in einer Pfanne Öl erhitzen, etwas Teig hineingeben, mit Gabel dünn austreiben
✧ umdrehen und mit Spinatfülle belegen, in der Mitte zusammenklappen

Fülle:
✧ blanchierten Spinat grob hacken und mit Salz, Pfeffer, Muskatnuß und Parmesankäse abschmecken

Gratinierte Grießnocken

6 dag Butter
Salz, Muskatnuß
1 Ei
12 dag Grieß
30 dag Blattspinat

Bechamelsauce:
1 EL Mehl
3 dag Butter
Salz, Pfeffer
Milch nach Bedarf
3 dag Parmesankäse

✧ Butter, Salz und Muskatnuß flaumig rühren
✧ Grieß und Ei unterrühren
✧ mit Kaffeelöffel Nocken formen
✧ in Salzwasser ca. 25 Minuten kochen
✧ Auflaufform mit abgeschmecktem, gekochtem Blattspinat füllen
✧ Grießnocken daraufsetzen, mit Bechamelsauce übergießen
✧ ca. 15 Minuten bei 180 - 200°C überbacken

Überbackene Spinatschupfnudeln

50 dag Kartoffeln
10 dag passierter Spinat
15 dag Mehl
2 Dotter
Salz, Pfeffer
Muskatnuß

Sauce:
1/4 l Milch
5 dag Butter
2 dag Mehl
10 dag Schinken
Salz, Pfeffer
Muskatnuß

- ✧ Kartoffeln dämpfen, passieren
- ✧ mit Spinat, Mehl, Dotter, Gemüse rasch zu einem Teig verarbeiten
- ✧ Rolle formen, kleine Stücke herunterschneiden und ca. 3 cm lange Nudeln formen
- ✧ ins kochende Salzwasser geben, aufkochen lassen
- ✧ abseihen und in eine befettete Auflaufform geben
- ✧ mit Sauce übergießen
- ✧ im heißen Rohr ca. 20 Minuten überbacken

Bechamelsauce:

- ✧ Butter schmelzen, Mehl einrühren, mit heißer Milch aufgießen
- ✧ würzen mit Salz, Pfeffer, Muskatnuß
- ✧ würfelig geschnittenen Schinken unterrühren

Kartoffelteig: alle Zutaten rasch zusammenkneten, sonst wird der Teig zu weich und läßt sich nicht mehr ausarbeiten

Topfenknödel

6 dag Butter
1 Prise Salz
1 Ei
25 dag Topfen
13 dag Weizenmehl
Butter und Brösel zum Wenden
Petersilie zum Bestreuen

✧ Butter, Salz und Ei flaumig rühren
✧ Topfen und gesiebtes Mehl unterrühren
✧ kleine Knödel formen
✧ ca. 10-15 Minuten in Salzwasser leise köcheln lassen
✧ in Brösel wälzen und mit Salat oder Gemüse servieren

 in die Mitte der Knödel Zwetschken oder Marillen geben

Jägernudeln

35 dag Bandnudeln
1 kleine Zwiebel
8 dag Speck
15 dag Pilze
(Steinpilze, Pfifferlinge ...)
Salz, Pfeffer
Petersilie
Parmesankäse
3 EL Sahne

✧ Zwiebel- und Speckwürfel anrösten
✧ Pilze dazugeben und gut durchrösten
✧ würzen, mit etwas Wasser aufgießen
✧ 8 Minuten dünsten
✧ Nudeln "al dente" kochen
✧ Nudeln mit Sahne, Pilzsauce und Parmesankäse vermischen
✧ mit gehackter Petersilie bestreuen

Kloatzenschlutzkrapfen

Teig:
30 dag Mehl
1 Prise Salz
2 Eier
4 EL Wasser

Fülle:
20 dag Kloatzen (gedörrte Birnen)
1/2 l Wasser
1 EL Rum
1 Vanillezucker

Mohn zum Bestreuen

- Mehl, Salz, Eier und lauwarmes Wasser zu einem mittelfesten Teig zusammenkneten
- 1/2 Stunde zugedeckt rasten lassen
- dünn austreiben, Scheiben ausstechen
- mit Fülle belegen, zusammenklappen, Rand fest andrücken
- in Salzwasser ca. 10 Minuten leicht kochen lassen
- mit geriebenem Mohn bestreuen

Fülle:
- Birnen mit Wasser weichkochen, passieren und mit Rum und Vanillezucker abschmecken

Vinschgau 🍎 Fastenspeisen

Kartoffelriebel

90 dag Kartoffeln
14 dag Mehl
2 Eier
Salz
etwas Öl

Kartoffeln: mit Schale dämpfen bzw. in wenig Wasser kochen, weniger Verlust an Inhaltsstoffen

✧ Kartoffeln dämpfen, schälen und mit Gabel zerdrücken
✧ Mehl, Salz und Eier unterrühren
✧ etwas Öl in der Pfanne erhitzen
✧ Kartoffelmasse hineingeben
✧ auf allen Seiten anrösten
✧ ständig wenden, bis eine krümelige Masse entsteht
✧ mit Apfelkompott oder Apfelmus servieren

Krautnocken

80 dag Kartoffeln
1 Dotter
30-35 dag Weizen- oder Dinkelmehl
Salz, Muskat

Kraut:
50 dag Sauerkraut
1/2 Zwiebel
etwas Öl
Kümmel
1 Knoblauchzehe

✧ rohe Kartoffeln reiben und etwas Wasser auspressen
✧ Mehl, Dotter, Salz und Muskat unterrühren
✧ kleine Nocken formen
✧ in Salzwasser ca. 15 Minuten ziehen lassen
✧ Nocken auf Sauerkraut servieren
✧ Sauerkraut: würfelig geschnittene Zwiebel anrösten, Sauerkraut dazugeben und abschmecken

Gemüsegerste

1 Zwiebel
etwas Öl
4 dag Karotten
4 dag Sellerie
4 dag Porree
Salz, Pfeffer
20 dag eingeweichte Gerste
1/2 l Wasser oder Gemüsesud
Schnittlauch

✧ Zwiebelwürfel anrösten
✧ Gemüsewürfel und Gerste dazugeben
✧ mit Wasser oder Gemüsesud aufgießen, würzen
✧ 20 Minuten kochen lassen
✧ abschmecken und mit Schnittlauch servieren

Gerste einweichen: Garzeit wird herabgesetzt, Quellwasser mitverwenden

Grießmus

3 dag Butter
Salz
1 l Milch
8 dag Mehl
2 dag Grieß
3 dag Butter

✧ Butter schmelzen
✧ salzen und mit Milch aufgießen
✧ Mehl und Grieß mit dem Schneebesen einrühren
✧ aufkochen lassen
✧ einige Minuten kochen lassen
✧ etwas auskühlen lassen
✧ mit zerlassener Butter servieren

Vinschgau ❧ Fastenspeisen

Buchweizenmus

1 l Wasser 1/2 l Milch 20-25 dag Buchweizenmehl 3 dag Butter Salz	✧ Butter schmelzen, salzen und mit Wasser und Milch aufgießen ✧ Buchweizenmehl mit dem Schneebesen einrühren ✧ aufkochen lassen ✧ ca. 30 Minuten kochen lassen ✧ etwas auskühlen lassen ✧ mit Apfelmus oder Apfelkompott servieren

Melchermuas (Rahmmuas) mit Palabirn

1 l Rahm 1/2 Mehlsieb griffiges Roggenmehl Salz 6-8 Stück Palabirn	✧ Rahm und Salz aufkochen lassen ✧ gesiebtes Mehl mit Schneebesen einrühren ✧ ca. 5 Minuten ständig rühren ✧ 20–30 Minuten ausdünsten lassen, dabei öfters mit "Stecher" (Muaser) umrühren ✧ mit Palabirn oder Kompott servieren

Schnalser Bauernbratl

1 kg Schaffleisch
(Schlögel, Schulter)
Salz, Pfeffer
Neugewürz
1 Knoblauchzehe
1 Zwiebel
Rosmarin, Majoran
1/8 l Rotwein
80 dag Kartoffeln

- ◆ Fleisch würzen mit Salz, Pfeffer und Neugewürz
- ◆ in einer Bratpfanne auf allen Seiten gut anbraten
- ◆ löschen mit Rotwein
- ◆ Knoblauch, Zwiebelstücke und Kräuter dazugeben
- ◆ ca. 1 Stunde im Rohr braten
- ◆ eventuell mit heißem Wasser oder Suppe aufgießen
- ◆ zum Schluß Sauce abseihen, eventuell mit etwas Mehl binden
- ◆ die letzten 20 Minuten die Kartoffelwürfel dazugeben

Schaffleisch sehr heiß servieren, Fett erstarrt schnell

Erdäpfelnudeln und Erdäpfelschlutzkrapflan
Rezepte auf den Seiten 162 und 163

Preßknödel
Rezept auf Seite 167

Krautgulasch

50 dag Schweins- oder Rindsschulter
1 Zwiebel
etwas Öl
Salz, Pfeffer, Kümmel
1 Knoblauchzehe
Paprika
Fleischsuppe oder Wasser
2 dag Mehl
25 dag Sauerkraut
25 dag Kartoffeln

- ✧ würfelig geschnittene Zwiebel anrösten, kleingeschnittenes Fleisch dazugeben
- ✧ gut durchrösten
- ✧ mit etwas Suppe oder Wasser aufgießen
- ✧ ca. 30 Minuten dünsten lassen, würzen
- ✧ mit etwas Mehl binden
- ✧ Sauerkraut und Kartoffelwürfel dazugeben
- ✧ weitere 30 Minuten dünsten lassen
- ✧ abschmecken und servieren

Gulasch salzen: erst nach Hälfte der Garzeit, Fleisch bleibt saftiger

Faschierte Laibchen in Tomatensauce

40 dag Faschiertes
1 Ei
6 dag Brösel
1/2 kleine Zwiebel
Salz, Pfeffer, Muskatnuß
Majoran, Petersilie
2 EL Parmesankäse
1 EL Mehl

Tomatensauce:

1 kleine Zwiebel
2 EL Pelati
1 Knoblauchzehe
Salz, Pfeffer
1/8 l Fleischsuppe oder Wasser
Basilikum, Oregano

✧ Faschiertes mit Ei, Brösel, gehackter Zwiebel, Käse, Mehl, Gemüse und Kräuter gut vermengen
✧ aus der Masse kleine Laibchen formen
✧ in Tomatensauce ca. 1 Stunde schmoren lassen
✧ mit Kartoffeln oder Kartoffelpüree servieren

Tomatensauce:

✧ klein würfelig geschnittene Zwiebel anrösten, Pelati dazugeben
✧ mit Wasser oder Suppe aufgießen
✧ mit Salz und Pfeffer würzen
✧ unter die fertige Tomatensauce die feingehackten Kräuter rühren

 Kräuter: nicht mitkochen, damit Vitamine und Mineralstoffe *nicht zerstört werden*

Vinschgau 🍖 Fleischgerichte

Gebackene Kalbsleber

40 dag Kalbsleber
8 dag Brösel
1 Ei
2 EL Milch
Salz
Fritieröl

Leber salzen: erst am Ende des Garprozesses, ansonsten wird sie hart

✧ Leber in 4 Scheiben schneiden
✧ Ei mit Milch verrühren
✧ Leberscheiben in Mehl, dann in Ei und Brösel wälzen
✧ Leberscheiben in heißem Öl herausbacken
✧ salzen und mit Salat servieren

Gerollter Senfbraten

1 kg Schweinsschopf
Salz, Pfeffer
8 dag mittelscharfer Senf
etwas Öl
1 Zwiebel
4 Gewürznelken
1/4 l Weißwein
eventuell 1 EL Mehl
Petersilie

✧ Fleisch mit Salz und Pfeffer würzen
✧ auf allen Seiten gut anbraten, mit Wein löschen
✧ mit Senf bestreichen
✧ mit etwas Wasser oder Suppe aufgießen
✧ Zwiebelwürfel, Nelken hinzufügen
✧ im vorgeheizten Rohr ca. 1 1/4 Stunden garen lassen
✧ dabei öfters mit heißer Flüssigkeit begießen und wenden
✧ Sauce passieren, mit Mehl binden, gehackte Petersilie unterrühren
✧ Braten aufschneiden und mit Reis oder Knödel und Gemüse servieren

Senf erst nach dem Anbraten aufstreichen, ansonsten wird Fleisch bitter

Lebergulasch

1 kleine Zwiebel
5 dag Speck
20 dag grüne Paprika
40 dag Schweinsleber
1/4 l Wasser oder Fleischsuppe
Salz, Pfeffer, Paprika, Petersilie
eventuell etwas Mehl

- ✧ klein würfelig geschnittene Zwiebel und Speck glasig werden lassen
- ✧ Paprikawürfel dazugeben
- ✧ mit Wasser oder Suppe aufgießen, würzen mit Salz, Pfeffer und Paprika
- ✧ 20 Minuten bei schwacher Hitze dünsten lassen
- ✧ grob würfelig geschnittene Leber anrösten, stauben, etwas aufgießen
- ✧ Leberwürfel zum Gemüse geben, abschmecken und 5 Minuten ziehen lassen
- ✧ feingehackte Petersilie unterrühren und zu Kartoffeln servieren

 Speck glasig werden lassen: ohne Fett in der Pfanne, da Speck ausreichend Fett enthält

Pikante Rehschnitzel

4 Rehschnitzel

Marinade:

1 Weinglas Essig
2 Nelken
3 zerdrückte Wacholderbeeren
3 Pfefferkörner
Thymian
1 kleine Zwiebel
Salz, Pfeffer
etwas Öl
Weinbrand
eventuell etwas Mehl

✧ Marinade aus Essig, Nelken, Wacholderbeeren, Pfefferkörner, Thymian, und Zwiebelwürfel zubereiten
✧ ca. 15 Minuten kochen lassen
✧ Rehschnitzel etwa 1 Stunde in die ausgekühlte Marinade legen
✧ Schnitzel abtrocknen, würzen und auf beiden Seiten gut anbraten
✧ Schnitzel aus der Pfanne nehmen
✧ mit Mehl stauben, mit etwas Marinade aufgießen
✧ mit einigen Tropfen Weinbrand abschmecken
✧ Sauce zu den Rehschnitzeln servieren

Marinade: macht Fleisch mürbe, kein Salz in die Marinade geben

Vinschgau ❦ Fleischgerichte

Kartoffelgulasch

1 Zwiebel
etwas Öl
80 dag Kartoffeln
1 Paar Bratwurst
Paprika
1/8 l Rotwein
Salz, Pfeffer
Majoran, Basilikum
1 Knoblauchzehe

✧ würfelig geschnittene Zwiebel anrösten
✧ Kartoffelwürfel und Wurstscheiben dazugeben, würzen mit Salz, Pfeffer und Paprika
✧ mit Rotwein löschen
✧ mit etwas Wasser aufgießen und ca. 20 Minuten dünsten lassen
✧ Gulasch abschmecken, feingehackte Kräuter und gepreßte Knoblauchzehe unterrühren
✧ zu Fastenknödel servieren

Nußschnecken

45 dag Mehl 3 dag Germ 1 Prise Salz 8 dag Butter 8 dag Zucker 1/4 l lauwarme Milch 2 Dotter Zitronenschale *Fülle*: 10 dag grobgehackte Nüsse 5 dag Rosinen 1 TL Zimt 2 dag Marillenmarmelade Fett für das Blech	◇ Mehl mit Salz mischen ◇ Dampfl zubereiten ◇ zerlassene Butter, Zucker, Milch, Dotter, Zitronenschale, Dampfl zum Mehl geben ◇ zu einem Germteig abschlagen ◇ gehen lassen ◇ Teig zu einem Rechteck auswalken ◇ mit Marmelade bestreichen ◇ mit Fülle belegen ◇ Teig von der Längsseite her einrollen ◇ 2 cm dicke Scheiben herunterschneiden ◇ bei 180°C ca. 20 Minuten backen

Schnalser Torte

5 dag Butter
30 dag Zucker
2 Eier
Zitronenschale
3 EL Kakao
4 EL Milch
40 dag Mehl
Backpulver

✧ Butter, Zucker, Dotter, Zitronenschale flaumig rühren
✧ Eiweiß steif schlagen und mit dem gesiebten Kakao und der Milch unter die flaumige Masse rühren
✧ das gesiebte Backpulver mit dem Mehl vorsichtig unterheben
✧ Masse in eine befettete, bemehlte Tortenform füllen
✧ bei 180°C ca. 50 Minuten backen

Eiweiß steif schlagen: Zitronensaft zufügen, saubere Rührstäbe verwenden

Vinschger Schneemilch

50 dag feingeschnittenes Weißbrot
lauwarme Milch
1 EL Rum
Zimt
4 dag Sultaninen
4 dag Walnüsse
1/8 l Rahm

✧ Brot mit lauwarmer Milch und Rum tränken
✧ 1/2 Stunde ziehen lassen
✧ gehackte Walnüsse, Zimt, Sultaninen unterrühren
✧ steif geschlagenen Rahm vorsichtig unterheben
✧ in Gläser füllen und kalt stellen

Vinschgau 🍇 Süßspeisen und Gebäck

Apfel-Mandel-Torte

25 dag Butter
15 dag Zucker
4 Eier
5 dag geriebene Schokolade
1 TL Zimt
15 dag Mandeln
3 EL Rum
4 Stk. Äpfel
25 dag Mehl
1 Backpulver

Butter: muß Zimmertemperatur haben, um sie flaumig zu rühren

- Butter, Zucker, Dotter, Zimt flaumig rühren
- geriebene Mandeln, Schokolade und Rum unterrühren
- Eiweiß steif schlagen und mit dem gesiebten Mehl-Backpulver-Gemisch vorsichtig unterheben
- zum Schluß die Äpfelwürfel unterheben
- in eine befettete und bemehlte Tortenform füllen
- bei 180°C ca. 50-60 Minuten backen

Schwarzpolentatorte

25 dag Butter
12 dag Zucker
6 Eier
20 dag Mandeln
25 dag Schwarzpolentamehl
1 Backpulver
25 dag Preiselbeermarmelade

- Butter, Zucker und Dotter flaumig rühren
- Eiweiß steif schlagen
- gesiebtes Mehl, geriebene Mandeln mit dem steif geschlagenen Eiweiß unter die flaumige Masse rühren
- Masse in eine befettete, bemehlte Tortenform füllen
- bei 180°C ca. 45 Minuten backen
- erkalten lassen
- halbieren und mit Preiselbeermarmelade füllen

Preiselbeertorte

25 dag Butter
5 EL Honig
3 Eier
15 dag Nüsse
35 dag Weizenvollkornmehl
1 Backpulver
Schale von 1 Zitrone
Zimt
3-4 EL Milch
Preiselbeer- oder
Johannisbeermarmelade

- ✧ Butter, Honig, Zimt, Zitronenschale und Eier flaumig rühren
- ✧ Mehl, Milch und geriebene Nüsse vorsichtig unter die flaumige Masse rühren
- ✧ 2/3 der Masse in eine Tortenform geben
- ✧ mit Marmelade bestreichen
- ✧ mit restlichem Teig Gitter aufspritzen
- ✧ im vorgeheizten Rohr bei 200°C 40 Minuten backen

 Masse aufs Blech streichen, Schnitten schneiden

Schneetorte

7 Eiweiß
25 dag Zucker
14 dag Mehl
8 dag zerlassene Butter
1 MS Backpulver
1 Vanillezucker

- ✧ Eiweiß zu steifem Schnee schlagen, Zucker und Vanillezucker einrühren
- ✧ zerlassene, abgekühlte Butter abwechselnd mit dem gesiebten Mehl untermischen
- ✧ bei 180°C ca. 50 Minuten backen

 Garprobe: mit Holzstäbchen einstechen, bleiben keine Teigreste hängen, ist Kuchen fertig

Vinschger Kastanienkrapfen

50 dag Mehl
2 Dotter
1 Ei
5 EL Sahne
6 dag zerlassene Butter
etwas Milch
2 EL Öl
etwas Rum
Zitronensaft und -schale
1 Prise Salz

Fülle:
50 dag gebratene Kastanien
Milch, Honig
1 EL Zucker
5 dag Mohnzucker
1 EL Rum

Fritieröl

✧ alle Zutaten zu einem glatten, geschmeidigen Teig zusammenkneten
✧ Teig zu 2 Rechtecken dünn auswalken
✧ auf einem Rechteck Fülle darauflegen
✧ das zweite Rechteck darauflegen
✧ Krapfen ausradeln
✧ im heißen Fett schwimmend herausbacken

Fülle:
✧ geschälte Kastanien in Honigmilch weichdünsten, mit der flotten Lotte passieren und mit Zutaten und Rum abschmecken

Marillen-Nußkuchen

18 dag Butter
16 dag Zucker
4 Eier
1 TL Zimt
1 MS Nelkenpulver
30 dag Mehl
3 gestrichene TL Backpulver
8 dag Walnüsse
8 dag Marillen

✧ Butter, Zucker und Dotter flaumig rühren
✧ das mit den Gewürzen und Backpulver vermischte Mehl einarbeiten
✧ Eiweiß steif schlagen und mit den grobgehackten Nüssen und Marillen unter den Abtrieb heben
✧ Masse in Kastenform füllen
✧ bei 180°C ca. 60 Minuten backen

Marillenkuchen

18 dag Butter
22 dag Zucker
1 Vanillezucker
5 Eier
Saft und Schale von 1 Zitrone
40 dag Mehl
1 Backpulver
90 dag Marillenhälften
3 dag geschälte Mandeln
Butter und Mehl für das Blech

Zwetschken anstelle von Marillen

- ✧ Butter, Zucker und Dotter flaumig rühren
- ✧ Eiweiß steif schlagen
- ✧ gesiebtes Mehl und Eiweiß abwechselnd unter den Abtrieb heben
- ✧ auf das vorbereitete Blech streichen
- ✧ mit Marillenhälften und Mandeln belegen
- ✧ im vorgeheizten Rohr bei 180°C ca. 40 Minuten backen

Apfeltaschen

25 dag Topfen
25 dag Mehl
25 dag Butter
1 Backpulver

Fülle:

3 Stk. Äpfel
1 EL Brösel
1 EL gehackte Nüsse
1 EL Rum
Zitronenschale
eventuell Zucker
1 MS Zimt

anstelle von Äpfeln Birnen verwenden

- ✧ alle Zutaten zu einem glatten Teig verarbeiten
- ✧ 1/2 Stunde rasten lassen
- ✧ Teig auswalken
- ✧ rund ausstechen, mit Fülle belegen
- ✧ Ränder zusammenschlagen und fest andrücken
- ✧ mit Dotter bestreichen
- ✧ bei 190°C ca. 30 Minuten backen

Fülle:

- ✧ Äpfel kleinwürfelig schneiden, mit den restlichen Zutaten gut vermischen

Müslibrot

60 dag Weizenvollkornbrot
10 dag Walnüsse
8 dag Sultaninen
4 dag Germ
Salz
1 TL Zimt
300 ml Wasser
1/8 l Milch
3 dag Butter

- Mehl mit Salz und Gewürzen mischen
- Dampfl bereiten
- mit zerlassener Butter, lauwarmer Milch und Wasser, gehackten Walnüssen und Sultaninen zu einem Brotteig abkneten
- ca. 1 Stunde gehen lassen
- Laibe ausformen
- mit Wasser oder Kaffee bestreichen, einstechen
- noch einmal kurz gehen lassen
- bei ca. 250°C (unterste Schiene) 20 Minuten backen
- auf 190°C zurückschalten und fertigbacken

 Brot backen: Gefäß mit Wasser zur Dampfentwicklung ins Rohr stellen

Milchbrötchen

50 dag Weizenvollkornmehl
3 dag Germ
1 TL Zucker
3/8 l lauwarme Milch
1 TL Salz
8 dag Haselnüsse
Ei zum Bestreichen

- ✧ Mehl mit Salz und gemahlenen Nüssen mischen
- ✧ Dampfl bereiten
- ✧ mit lauwarmer Milch zu einem Brotteig abkneten
- ✧ ca. 1 Stunde gehen lassen
- ✧ 2 Rollen formen, 12 gleichmäßige Stücke herunterschneiden
- ✧ runde Brötchen formen
- ✧ auf befettetes Blech setzen
- ✧ 20 Minuten zugedeckt gehen lassen
- ✧ mit verquirltem Ei bestreichen
- ✧ bei 200°C 20-25 Minuten backen

Alpenrosen-Honig

1 kg Alpenrosen-Blüten
1 l Wasser
1 kg Zucker
1 Zitrone

- ✧ Blüten und Wasser ca. 20 Minuten kochen
- ✧ durch ein Tuch abseihen
- ✧ Zucker, Zitronenscheiben hinzufügen
- ✧ 2 Stunden langsam kochen lassen
- ✧ in Gläser einfüllen, gut verschließen

Kümmelschnaps

3/4 l Obstler
10 dag Kümmel
12 dag Zucker

- ✧ getrockneten Kümmel mahlen
- ✧ mit Zucker und Schnaps mischen
- ✧ in Flaschen füllen
- ✧ ca. 3 Wochen bei gleichmäßiger Wärme stehen lassen
- ✧ dann kühl stellen und öfters schütteln

Basilikumschnaps

1 l Schnaps
40 Basilikumblätter
40 dag Zucker
Schale von 2 Zitronen

✧ alle Zutaten gut vermischen
✧ in Flaschen füllen
✧ 3-4 Wochen an der Sonne stehen lassen

Orangensirup

3 l Wasser
5 Stk. unbehandelte Orangen
2 kg Zucker
3 g Zitronensäure

✧ Wasser aufkochen und abkühlen
✧ Orangenschale abreiben, Saft auspressen
✧ alle Zutaten zum Wasser geben, gut umrühren
✧ 2 Tage stehen lassen
✧ in Flaschen füllen
✧ kühl aufbewahren

Zitronen für Zitronensirup nehmen, oder halb Orangen - halb Zitronen

Erdäpfelblattlan mit Sauerkraut
Rezept auf Seite 170

Gemüsegerste
Rezept auf Seite 66

Quittenmarmelade

1 kg Quitten
1/8 l Weißwein
1/4 l Wasser
Saft von 1 Zitrone
30 dag Zucker

✧ Quitten mit Tuch abreiben
✧ vierteln
✧ mit Wasser, Weißwein und Zitronensaft zum Kochen bringen
✧ weich kochen
✧ passieren
✧ mit ca. 30 dag Zucker verrühren
✧ aufkochen
✧ in heiße Gläser füllen und gut verschließen

 Marmelade: bei sauren Früchten (Preiselbeeren, Ribis) ist kein Gelierzucker notwendig

Ribis-Marillenmarmelade

60 dag rote Ribis
50 dag Marillen
30 dag Gelierzucker

✧ Ribis und Marillenstückchen gut vermischen
✧ ca. 10 Minuten kochen lassen
✧ Zucker unterrühren
✧ aufkochen lassen
✧ in Gläser füllen und gut verschließen

Meran und Burggrafenamt

Aufgrund klimatischer Vorzüge mit stark mediterranen Einflüssen ist die Stadt Meran, welche bis 1420 Landeshauptstadt von Tirol gewesen ist, noch vor der Jahrhundertwende zu einem Kurort mit Weltrang herangewachsen.

Die vielen Parks und Spazierwege in und um Meran, die üppige und vielfältige Vegetation, geben der Stadt einen einmaligen südländischen Charakter. Palmen, Zypressen, Olivenbäume, Kastanienhaine, Wintergärten und so manch seltsames Gewächs zeugen von einem großen Potential der Natur.

Während sich in der Stadt und ihrer nahen Umgebung, bedingt durch den Fremdenverkehr, eine recht vielfältige und abwechslungsreiche Kost breitgemacht hat, finden wir in den Tälern des Burggrafenamtes auch heute noch recht einfache Gerichte. Die Grundzutaten dafür kommen vielfach aus der eigenen Produktion.

Butternockensuppe

7 dag Butter
2 Eier
Salz, Pfeffer, Muskatnuß
9 dag Mehl
1 l Fleischsuppe oder Gemüsesud

- Butter, Gemüse und Dotter flaumig rühren
- Eiweiß steif schlagen und vorsichtig unterheben
- mit Kaffeelöffel Nocken formen
- im kochenden Salzwasser ca. 15 Minuten leicht kochen lassen
- in der Suppe servieren

 gemischte, gehackte Kräuter unterrühren

Zucchini-Suppe

1 kleine Zwiebel
30 dag Zucchini
10 dag Kartoffeln
etwas Öl
Salz, Pfeffer
4 dag Parmesankäse
Petersilie

- würfelig geschnittene Zwiebel in etwas Öl anrösten
- Kartoffel- und Zucchiniwürfel dazugeben
- mit 1/4 l Wasser aufgießen
- würzen mit Salz, Pfeffer
- ca. 30 Minuten dünsten lassen
- Suppe mit Mixstab oder Schneebesen pürieren
- Wasser dazugeben, 5 Minuten kochen lassen
- Petersilie und Parmesankäse unterrühren

 Reis oder kleine Nudeln mitkochen

Sauerampfer-Suppe

1 kleine Zwiebel	◆ würfelig geschnittene Zwiebel etwas anrösten
etwas Öl	◆ mit Mehl stauben, mit Wasser aufgießen
1 El Mehl	
1 Knoblauchzehe	
Salz, Pfeffer	◆ mit Salz und Pfeffer würzen
8 dag Sauerampfer	◆ ca. 15 Minuten leicht kochen lassen
3 EL Rahm	
	◆ feingehackten Sauerampfer unter die Suppe rühren
	◆ ca. 3 Minuten leicht köcheln lassen
	◆ Rahm unterrühren, Suppe abschmecken und servieren

 Köcheln: leichtes, gleichmäßiges Kochen bei schwacher Hitze

Frittatensuppe

12 dag Mehl	◆ Mehl, Salz und Milch glattrühren
1 Ei	
Salz	◆ Ei dazugeben
1/4 l Milch	◆ Pfanne mit etwas Öl erhitzen
etwas Öl	
1 l Rindssuppe	◆ etwas Teig in die Pfanne geben
	◆ dünne Omeletten backen
	◆ zusammenrollen und in dünne Nudeln (2 mm breit) schneiden
	◆ als Einlage in die Suppe geben

verschiedene Kräuter in den Teig geben

Meran, Burggrafenamt 🙵 *Suppen*

Jägersuppe

1/2 Zwiebel 6 dag Speckwürfel 35 dag Pilze 1 l Fleischsuppe Salz, Pfeffer 1/8 l Sahne Petersilie	✧ Zwiebel- und Speckwürfel anrösten ✧ kleingeschnittene Pilze hinzufügen ✧ mit Mehl stauben ✧ mit Fleischsuppe aufgießen ✧ ca. 20 Minuten leicht kochen lassen ✧ abschmecken ✧ Sahne unterrühren und mit gehackter Petersilie servieren

Speck ist fettreich, deshalb kein Öl zum Anrösten verwenden

Milchsuppe

3 dag Butter 1 l Milch Salz 4 dag Weizenmehl wenig Wasser	✧ Mehl mit Wasser mischen und "Friggelen" machen ✧ Butter schmelzen, Milch dazugeben, aufkochen lassen, salzen ✧ Friggelen in die kochende Milch geben ✧ aufkochen und ca. 3 Minuten kochen lassen

Schwarzpolentamehl anstelle von Weizenmehl verwenden

Meran, Burggrafenamt 🍎 *Fastenspeisen*

Polenta mit Steinpilzen

20 dag Polentamehl
1 l Wasser
Salz
30 dag Steinpilze
1/2 Zwiebel
1 EL Mehl
Salz, Pfeffer
Petersilie
1 EL Sahne

- Wasser aufkochen
- Polentamehl einrühren, aufkochen und ca. 45 Minuten ausquellen lassen
- für die Pilzsauce würfelig geschnittene Zwiebel anrösten
- blättrig geschnittene Pilze dazugeben
- mit Mehl stauben und würzen
- mit Wasser aufgießen und ca. 20 Minuten dünsten lassen
- mit Petersilie und Sahne abschmecken und zu Polenta reichen

Süße Variante: Polenta mit Marillenmarmelade bestreichen und mit zerlassener Butter abschmecken

Schwarzbeerlaibchen

1/2 kg Schwarzbeeren
3 Eier
6 dag Mehl
Salz
1 Vanillezucker
Butter für die Pfanne
Zucker

- Schwarzbeeren, Eier, Zucker, Salz und Mehl verrühren
- in einer Pfanne Butter erhitzen
- Schwarzbeermasse mit Löffel in die Pfanne geben, kleine Laibchen formen, goldgelb backen
- mit Zucker bestreuen und mit Milch servieren

 anstelle von Schwarzbeeren Äpfel verwenden

Rahmnocken

20 dag Knödelbrot
1/4 l Milch
15 dag Weizenmehl
3 Eier
Salz, Schnittlauch
150 ml Sahne
5 dag Parmesankäse

- ✧ Brot mit lauwarmer Milch übergießen
- ✧ ziehen lassen
- ✧ Mehl, Eier, Salz und Schnittlauch untermengen
- ✧ mit dem Löffel kleine Nocken formen
- ✧ im Salzwasser kochen
- ✧ Sahne erhitzen
- ✧ Nocken darin schwenken und mit Parmesankäse bestreuen

Kastaniennocken

25 dag Weizenmehl
2 Eier
ca. 1/8 l Milch
1 Prise Salz
25 dag Kastanien
Zucker und Zimt zum Bestreuen
4 dag Butter

- ✧ Mehl, Eier, Salz und Milch verrühren
- ✧ mit Löffel Nocken ins kochende Salzwasser einlegen
- ✧ abseihen und mit gekochten, passierten Kastanien bestreuen
- ✧ mit Zucker, Zimt und zerlassener Butter servieren

Brennesseltopfennocken

25 dag Topfen
2 Eier
4 dag Weizenmehl
6 dag Brösel
Salz, Muskat
10 dag blanchierte, passierte Brennessel
Butter und Parmesankäse zum Bestreuen

- ✧ alle Zutaten vermengen
- ✧ 15 Minuten stehen lassen
- ✧ Nocken formen
- ✧ ca. 20 Minuten in Salzwasser leicht kochen lassen
- ✧ mit zerlassener Butter und Parmesankäse servieren

 Blanchieren: Gemüse mit heißem Wasser übergießen, es wird dadurch vorgegart

Hackplenten

1 l Wasser
Salz
30 dag feines Schwarzpolentamehl
200 ml Sahne
1 EL Weizenmehl
Salz, Muskat
Schnittlauch

- ✧ Schwarzpolentamehl in kochendes Salzwasser einrühren
- ✧ den gekochten Plenten auf befettetem Blech auskühlen lassen
- ✧ in kleine Würfel schneiden
- ✧ Sahne, Salz, Muskat und Mehl verrühren
- ✧ 15 Minuten kochen lassen
- ✧ Polentawürfel unterrühren
- ✧ mit Schnittlauch bestreuen

 Kräuter: vitamin- und mineralstoffreich, deshalb möglichst nicht mitkochen

Meran, Burggrafenamt 🌺 *Fastenspeisen*

Schneidnudel

40 dag Weizenmehl
3 Eier
Salz
lauwarmes Wasser
8 dag Butter
1/8 l Sahne
Schnittlauch

- Mehl, Eier, Salz und Wasser zu einem glatten Teig zusammenkneten
- Teig dünn auswalken
- Nudeln schneiden
- Butter in der Auflaufform schmelzen
- Nudeln dazugeben
- im Rohr bei 180°C backen
- mit der Gabel wenden
- Sahne darübergießen und ca. 10 Minuten gratinieren
- mit Schnittlauch servieren

Gratinieren: Überbacken bei starker Oberhitze, soll goldgelbe Kruste bilden

Erdäpfelnudel im Reindl

50 dag Kartoffeln
4 Eier
5 dag Butter
Salz
20 dag Weizenmehl
1/4 l Milch
10 dag Zucker

- Kartoffeln dämpfen, schälen und heiß pressen
- 2 Dotter, Salz, Butter und Mehl dazukneten
- Nudeln formen
- die Nudeln in ein befettetes Reindl schichten
- Milch, Zucker, Eier und restliches Eiweiß verrühren
- über die Nudeln gießen
- bei 200°C ca. 40 Minuten überbacken
- mit Kompott oder Preiselbeermarmelade servieren

Dämpfen: Garen im Wasserdampf mit Siebeinsatz

Schupfnudel

20 dag Roggenmehl 20 dag Weizenmehl 2 Eier Salz ca. 1/4 l kaltes Wasser 200 ml Sahne	✧ Mehl, Eier, Salz und Wasser zu einem festen Teig zusammenkneten ✧ ca. 4 cm große Nudeln formen ✧ in einer Pfanne Sahne erhitzen ✧ Nudeln dazugeben ✧ ca. 20 Minuten garen, dabei öfters umrühren

Schmalznocken

25 dag Weizenmehl 25 dag Musmehl 6 dag Zucker 7 dag Knödelbrot 1/2 Backpulver 5 dag Sultaninen Salz 2 Eier etwas Butter	✧ alle Zutaten zu einem Knödelteig verarbeiten ✧ Nocken formen ✧ Butter in einer Pfanne schmelzen ✧ Nocken hineingeben ✧ zugedeckt ca. 1 Stunde garen lassen

Gekochtes Rindfleisch mit Kräutersauce

80 dag Rindfleisch (Tafelspitz)
1 Zwiebel
4 dag Karotten
6 dag Sellerieknolle
4 dag Porree
Salz, Pfefferkörner
Petersilie

Sauce:

1 Dotter
1/16 l Öl
Salz, Pfeffer
Senf
1 Schuß Essig
2 EL Naturjoghurt
3 Essiggurken
1 TL Kapern
Petersilie, Schnittlauch

✧ Suppe zubereiten
✧ aufkochen lassen, Fleisch und Porree hinzufügen
✧ ca. 2 Stunden langsam dahinkochen lassen
✧ Fleisch quer zur Faser schneiden
✧ mit Sauce und Kartoffeln servieren

Sauce:

✧ Majonnaise mit Joghurt strecken und feingehackte Gurken, Kapern und Kräuter unterrühren

 Suppe nur leicht kochen lassen, ansonsten wird sie trüb und das Fleisch wird trocken

Maccheroni mit Lammragout

40 dag Maccheroni
etwas Öl
1 kleine Zwiebel
6 dag Karotten
4 dag Sellerie
1 Knoblauchzehe
Weißwein
Salz, Pfeffer
Kräuter (Thymian, Petersilie, Rosmarin, Salbei)
10 dag Lammschulter
2 EL Sahne

✧ würfelig geschnittenes Gemüse anrösten
✧ Fleischwürfel dazugeben, gut durchrösten
✧ mit Wein löschen, aufgießen und ca. 50 Minuten leicht köcheln lassen
✧ mit Gewürzen und feingehackten Kräutern abschmecken
✧ Sahne unterrühren
✧ die gekochten Maccheroni mit dem Lammragout vermischen

Kalbsvögelen mit Polenta

4 Kalbsschnitzel à 6 dag Salz, Pfeffer 2 Schinkenblätter 4 dünne Käsescheiben 8 Spinatblätter Petersilie, Oregano 1/16 l Weißwein 1/2 EL Mehl 2 EL Sahne	✧ Schnitzel würzen ✧ mit blanchiertem Spinat, Schinken und Käse belegen ✧ mit feingehackten Kräutern bestreuen ✧ fest einrollen, mit Zahnstocher fixieren ✧ in der heißen Pfanne von allen Seiten gut anbraten ✧ mit Weißwein löschen ✧ stauben, aufgießen und zugedeckt 10 Minuten garen lassen ✧ Sahne unterrühren und mit Polenta servieren

 Schnitzel: Fleisch erst kurz vor Zubereitung salzen, sonst wird es trocken

Fischfilet mit Gemüse

4 Fischfilets à 8 dag
(Kabeljau, Schwertfisch)
1 Zitrone
Salz
etwas Öl
1/6 l Weißwein
6 dag Karotten
4 dag Porree
6 dag Zucchini
Salz, Petersilie

✧ vorbereitete Filets in der heißen Pfanne anbraten
✧ mit Weißwein löschen
✧ Gemüse in sehr feine Streifen schneiden
✧ zum Fisch geben, zugedeckt ca. 8 Minuten dünsten lassen
✧ mit Petersilie bestreuen und mit Polenta servieren

 3-S-Regel:
Säubern: Fisch mit kaltem Wasser waschen
Säuern: mit Zitronensaft, Fischfleisch wird fester, Geruch wird gebunden
Salzen: unmittelbar vor dem Garen, da Salz dem Fisch Wasser entzieht

Reh- oder Gamsschlegel

1 kg Reh- oder Gamsschlegel
Salz, Pfefferkörner,
Wacholderbeeren
1 Zwiebel
1 Tomate
8 dag Karotten
8 dag Sellerieknolle
Petersilie
etwas Fleischsuppe
1 EL Mehl
1 EL Sahne
1 EL Kapern
Schale von 1/2 Zitrone
etwas Weinkraut
Rosmarin, Salbei,
Preiselbeersaft

✧ Schlegel salzen und von allen Seiten gut anbraten
✧ Wurzelwerk, Pfeffer- und Wacholderbeeren und Gemüse dazugeben
✧ 1 3/4 - 2 Stunden braten
✧ Zitronenschale, Weinkraut, Rosmarin, Salbei, Kapern beifügen und mit Suppe aufgießen
✧ Sauce ca. 10 Minuten kochen lassen
✧ Sauce passieren und mit Sahne und Preiselbeersaft abschmecken
✧ mit Semmelknödel, Nudeln, Gemüse servieren

Fleisch mit 2 Löffeln wenden, niemals mit Gabel anstechen (Fleischsaft läuft aus, Fleisch wird trocken)

Tris: Schwarzpolentanocken, Spinatnocken, Graukäsenocken
Rezepte auf den Seiten 136 und 137

Tirtlan
Rezept auf Seite 168

Bauernblutwurst

15 dag Schweinsfilz
15 dag Netzfett
1 kleiner Kohlrabi
20 dag Karotten
25 dag Weißkraut
15 dag Rübenkraut
15 dag Sellerieknolle
1 dag Petersilie
2 dag Salz
5 Knoblauchzehen
2 große Zwiebeln
1 l Schweinsblut
1/8 l Sahne
Salz, weißer Pfeffer
Neugewürz
Schale von 1 Zitrone

- Schweinsfilz und Netzfett mittelfein faschieren
- in einer Pfanne zerlassen, bis sich Grammeln bilden
- fein faschiertes Gemüse dazugeben, salzen und 5 Minuten mitrösten
- kaltgerührtes Blut in einen Topf seihen
- Sahne mit den übrigen Gewürzen dazurühren
- abgekühltes Gemüse unterrühren
- sauberen, weiten Schweinsdarm am Ende abbinden
- Füllung in den Darm geben, die letzten 5 cm frei lassen, da sich die Fülle beim Kochen ausdehnt
- Blutwurst ca. 1 Stunde ziehen lassen
- mit Sauerkraut und Salzkartoffeln servieren

 Ziehen lassen: Garen unter 100°C für empfindliche Speisen wie z.B. Knödel, Würste etc.

Fleischstrudel

25 dag Mehl
2 gestrichene KL Backpulver
20 dag Butter
25 dag Topfen
Salz, Muskat

Fülle:

40 dag Faschiertes
2 Eier
Salz, Pfeffer
Majoran, Petersilie
1 kleine Zwiebel
1 Knoblauchzehe
1 EL Mehl
Ei zum Bestreichen

- alle trockenen Zutaten mischen
- Butter abbröseln
- mit Topfen rasch zu einem Mürbteig verarbeiten
- ca. 30 Minuten kühl rasten lassen
- 2 Teigblätter auswalken
- mit Fleischfülle belegen
- einrollen, mit Ei bestreichen
- bei 180°C ca. 30 Minuten backen
- mit Gemüse servieren

Fülle:

- Zwiebelwürfel anrösten
- Faschiertes gut durchrösten, mit den Gewürzen abschmecken
- Mehl unterrühren
- Masse abkühlen, Eier unterrühren

Eingemachtes Kalbfleisch

50 dag Kalbfleisch
1 Zwiebel
etwas Öl
1 EL Mehl
1/2 l Rindssuppe
Zitronenschale
2 Lorbeerblätter
Salz, Pfeffer
Saft von 1/2 Zitrone

zum Dünsten sind besonders Brust und Schulter geeignet

✧ Zwiebelwürfel anrösten
✧ Fleisch in mittelgroße Würfel schneiden und gut mitrösten
✧ mit Mehl stauben
✧ mit Suppe aufgießen, würzen, Lorbeerblätter und Zitronenschale beifügen
✧ weich dünsten lassen
✧ mit Zitronensaft abschmecken
✧ zu Fastenknödel oder Polenta servieren

Gekochte Kalbszunge mit Tomaten-Kapernsauce

1 Kalbszunge (ca. 80 dag)
Salz
2 EL Essig
Petersilie
1 Karotte
1 Sellerieknolle
Pfefferkörner
1 Lorbeerblatt
1 kleine Zwiebel
1/4 l Pelati
1 EL Kapern
1 TL Sardellenpaste
Basilikum

✧ Wasser mit Essig, Petersilie, Karotte, Sellerieknolle, Pfefferkörnern, Lorbeerblatt und Zwiebel zum Kochen bringen
✧ Zunge hineinlegen, salzen
✧ ca. 90 Minuten leicht kochen lassen
✧ Pelati mit 3 EL Sud, fein gehackten Kapern und Sardellenpaste ca. 15 Minuten kochen lassen
✧ mit feingehacktem Basilikum abschmecken
✧ Zunge enthäuten und in 1/2 cm dicke Scheiben schneiden
✧ mit Tomatensauce und Petersilkartoffeln servieren

Meran, Burggrafenamt & *Süßspeisen und Gebäck*

Faschingsscherben

8 dag Butter
4 dag Zucker
2 Eier
1 Dotter
1/16 l Weißwein
3 EL Rum oder Schnaps
50 dag Mehl
Fritieröl
Staubzucker zum Bestreuen

✧ Butter, Zucker, Dotter und Eier flaumig rühren
✧ Alkohol und Mehl untermengen
✧ Teig ca. 3 mm dick auswalken
✧ Rauten von 6 cm Länge ausschneiden
✧ im heißen Öl goldgelb backen
✧ mit Staubzucker bestreuen

Lebkuchenkekse

40 dag Roggenmehl
20 dag Staubzucker
10 dag geriebene Mandeln
2 Eier
6 dag Honig
Zimt, Nelkenpulver, Neugewürz
(jeweils 1 gestrichener TL)
1/2 TL Natron in 5 EL lauwarmer Milch aufgelöst
Ei zum Bestreichen
Mandelhälften zum Belegen

✧ Zutaten zu einem glatten Teig verarbeiten
✧ zugedeckt über Nacht im Kühlschrank rasten lassen
✧ Teig auswalken
✧ verschiedene Formen ausstechen
✧ mit verquirltem Ei bestreichen, mit Mandelhälften belegen
✧ ca. 10-15 Minuten bei 180°C backen

Natron nie mit Butter mischen - Seifengeschmack

Bratäpfel

4 Stk. Äpfel
4 dag Mandeln
2 dag Brösel
2 dag Sultaninen
1 EL Marmelade
Zimt, Nelkenpulver
2 dag Butter

*anstelle von Äpfeln
Birnen verwenden*

✧ Äpfel waschen und Kerngehäuse ausstechen
✧ für die Fülle gehackte Mandeln, Brösel, Sultaninen, Marmelade, Zimt und Nelkenpulver verrühren
✧ in die Äpfel einfüllen
✧ auf befettetes Blech setzen, mit Butterflocken belegen
✧ bei 180°C ca. 30 Minuten braten
✧ ev. mit Vanillesauce servieren

Zitronenkuchen

1/4 l Sahne
25 dag Mehl
10 dag Zucker
3 Eier
1 Backpulver
Saft und Schale von 1 Zitrone

Belag:

8 dag Butter
8 dag Zucker
10 dag grob gemahlene Nüsse
3 EL Mehl
Schale von 1 Zitrone

✧ Sahne mit Zucker fast steif schlagen
✧ Eier, gesiebtes Mehl, Zitronenschale und Zitronensaft vorsichtig unterheben
✧ aufs befettete Blech streichen
✧ bei 180°C ca. 10-15 Minuten vorbacken
✧ für den Belag geschmolzene Butter mit Zucker, Nüssen, Mehl und Zitronenschale verrühren
✧ Masse auf vorgebackenen Kuchen streichen
✧ bei 180°C goldbraun backen

Meran, Burggrafenamt 🙵 *Süßspeisen und Gebäck*

Ultner Mohnkrapfen

50 dag Weizenmehl
15 dag Roggenmehl
15 dag Butter
2 Dotter
1/8 l Milch
ev. Wasser

Fülle:
40 dag Mohn
40 dag Zucker
Zimt, Nelkenpulver
Zitronenschale
2 EL Rum

Fritieröl

- alle Zutaten zu einem nicht zu weichen Teig zusammenkneten
- ca. 1 Stunde zugedeckt rasten lassen
- Teig auswalken, mit Fülle belegen, andere Teighälfte darüberklappen
- Ränder gut zusammendrücken, Krapfen ausradeln
- in heißem Öl herausbacken

Mandeltorte

20 dag Zucker
8 Dotter
1 Ei
7 dag Brösel
1 EL Weizenmehl
1 KL Zimt
20 dag geriebene Mandeln
1 EL Rum
8 Eiweiß

- Zucker, Dotter und Ei sehr schaumig rühren
- Brösel, Mehl, Zimt, Mandeln und Rum vorsichtig unterheben
- steif geschlagenes Eiweiß unterheben
- in befetteter Tortenform bei 180°C ca. 50 Minuten backen
- ev. mit Sahne füllen

Tante Rosas Apfelkuchen

28 dag Weizenmehl
1/2 Backpulver
8 dag Zucker
7 dag Butter
1 Ei
1 EL Milch

Belag:
75 dag Äpfel
1/8 l Sahne
1 Vanillezucker
8 dag Zucker
1 Dotter
etwas Zimt

- alle trockenen Zutaten mischen
- Butter abbröseln
- mit Ei und Milch rasch zu einem Mürbteig verarbeiten
- ca. 1/2 Stunde kühl rasten lassen
- runde Kuchenform mit Teig auslegen
- mit Brösel bestreuen und mit Apfelspalten dicht belegen
- für den Guß Sahne, Zucker, Dotter und Zimt versprudeln
- über die Äpfel gießen
- bei 180°C 45 Minuten backen

 Mürbteig immer anstechen, sonst bildet er Blasen

Äpfel mit Vanillecreme

4 Stk. Äpfel
1/4 l Weißwein
Saft von 1/2 Zitrone
1 Stk. Zimtrinde
6 dag Preiselbeermarmelade
2 Eier
8 dag Staubzucker
1 Vanillezucker
1/8 l Sahne
Schokoladepulver

anstelle der Äpfel Birnen
oder Pfirsiche verwenden

- ✧ Äpfel schälen, Kerngehäuse herausstechen
- ✧ in Weißwein mit Zimtrinde und Zitronensaft kernig weich dünsten
- ✧ Apfelloch mit Marmelade füllen
- ✧ Eier mit Zucker schaumig rühren
- ✧ steif geschlagene Sahne unter die Schaummasse heben
- ✧ über die Äpfel geben
- ✧ mit Schokoladepulver bestreuen

Falsche Linzertorte

25 dag Mehl
25 dag gekochte, passierte Kartoffeln
10 dag Zucker
5 dag Butter
1 Ei
1 Backpulver
25 dag Preiselbeermarmelade

- ✧ Mehl mit Butter abbröseln
- ✧ alle übrigen Zutaten dazugeben
- ✧ rasch zusammenkneten
- ✧ 1/2 Stunde kühl rasten lassen
- ✧ 3/4 vom Teig in Tortenform geben, mit Preiselbeermarmelade bestreichen
- ✧ unter restlichen Teig etwas Milch einarbeiten
- ✧ Gitter auf Marmelade aufspritzen
- ✧ im vorgeheizten Rohr bei 180°C ca. 40 Minuten backen

Karottentorte

6 Eier
20 dag Zucker
25 dag Nüsse
30 dag Karotten
6 EL warmes Wasser
15 dag Mehl
1 Backpulver

✧ Eier, Wasser und Zucker im Wasserbad schaumig rühren
✧ Masse kalt rühren
✧ geriebene Karotten und Nüsse mit dem gesiebten Mehl vorsichtig unter die Schaummasse heben
✧ bei 180°C ca. 50-60 Minuten backen

Wasserbad: Topf mit Wasser zum Kochen bringen, Schüssel mit Zutaten hineinstellen - Wasser darf nicht mehr kochen

Marillenschnitten

25 dag Butter
15 dag Zucker
1 Vanillezucker
4 Eier
40 dag Mehl
1 Backpulver
Milch nach Bedarf
40 dag Marillenmarmelade
1 EL Rum
10 dag gehobelte Mandeln

anstelle von Marillenmarmelade *andere Fruchtmarmelade verwenden*

✧ Butter und Zucker flaumig rühren
✧ Eier nach und nach unterrühren
✧ Mehl und Backpulver mischen und unter den Abtrieb heben
✧ bei Bedarf etwas Milch unterrühren
✧ Teig finderdick aufs Backblech streichen
✧ mit Marmelade und Rum bestreichen
✧ bei 190°C backen
✧ erkalten lassen und in Schnitten schneiden

Haselnußkranz

30 dag Weizenmehl
2 TL Backpulver
10 dag Zucker
1 Vanillezucker
1 Ei
2 EL Milch
10 dag Butter

Fülle:

15 dag Nüsse
8 dag Zucker
1/2 Dotter
1 Eiweiß
3-4 EL Wasser
Schale von 1/2 Zitrone

1/2 Dotter
1 EL Milch

- Mehl und Backpulver mit Butter abbröseln
- mit Zucker, Vanillezucker, Ei und Milch rasch zu einem Teig zusammenkneten
- ca. 1/2 Stunde kühl rasten lassen
- gemahlene Nüsse mit Zucker, Dotter, Eiweiß, Wasser und Zitronenschale gut vermischen
- Teig zu einem Rechteck auswalken
- Fülle gleichmäßig darauf verteilen
- einrollen, zu einem Kranz formen
- mit verquirltem Dotter und Milch bestreichen
- mit Schere einschneiden
- bei 180°C ca. 45 Minuten backen

Topfen-Früchte-Kuchen

10 dag Butter
1 Ei
10 dag Honig
10 dag Topfen
20 dag Weizenmehl
1 Backpulver
Obst (Äpfel, Marillen, Zwetschken) zum Belegen
Zimt

- Butter, Honig und Ei flaumig rühren
- Topfen und gesiebtes Mehl vorsichtig unter die flaumige Masse rühren
- Masse fingerdick auf ein befettetes Blech streichen
- vorbereitetes Obst darauf verteilen
- bei 180°C ca. 20 Minuten backen
- noch heiß mit Zimt bestreuen

Dorf Tiroler

4 Eiweiß
15 dag Zucker
15 dag geraspelte Schokolade
25 dag gehackte Mandeln
1 Vanillezucker
Saft von 1 Zitrone

- Eiweiß mit Zucker und Zitronensaft steif schlagen
- Schokolade und Mandeln vorsichtig unterheben
- auf ein befettetes Blech kleine Häufchen setzen
- 1 Stunde trocknen lassen
- bei 180°C ca. 10 Minuten ins Rohr schieben

Knusperbrötchen

50 dag Weizenvollkornmehl
4 dag Germ
1 Prise Salz
5 dag Honig
300 ml Buttermilch
5 dag Butter
7 dag Sultaninen
7 dag gehackte Walnüsse
7 dag gehackte Mandeln

- ✧ Mehl mit Salz mischen
- ✧ Dampfl zubereiten
- ✧ Butter schmelzen und mit dem Dampfl, dem Honig, den Sultaninen, Walnüssen, Mandeln und der Buttermilch zum Mehl geben
- ✧ zu einem mittelfesten Germteig abschlagen
- ✧ zugedeckt gehen lassen
- ✧ Rolle formen und ca. 16 Teigstücke abschneiden
- ✧ Teigstücke rundwirken
- ✧ mit dem Verschluß nach unten aufs befettete Blech setzen
- ✧ einschneiden mit der Schere
- ✧ gehen lassen
- ✧ bei 180°C ca. 20 Minuten backen

Anisbrot

40 dag Roggenmehl
10 dag Roggenvollkornmehl
4 dag Germ
ca. 1/4 l lauwarme Milch
1 Prise Zucker
1 TL Salz
3 TL gemahlener Anis
1 TL Anis

- ♦ Mehle mit Salz mischen
- ♦ Dampfl zubereiten
- ♦ mit lauwarmer Milch und Gewürzen zu einem mittelfesten Germteig abschlagen
- ♦ 30 Minuten gehen lassen
- ♦ 2 Weggen formen
- ♦ mit Sägemesser quer einschneiden
- ♦ 15 Minuten gehen lassen
- ♦ bei 200°C ca. 25 Minuten backen

Nußlikör

8 grüne Walnüsse
2 Sternanis
1 Zimtstange
1/2 TL Nelken
1 l Schnaps
25 dag Zucker
3/8 l Wasser

- ✧ Walnüsse waschen, trockenreiben, in Scheiben schneiden
- ✧ Nußscheiben, Anis, Zimtstangen in Flasche füllen
- ✧ Schnaps dazugießen, mit Klarsichtfolie verschließen
- ✧ 6-8 Wochen an sonnigen Platz stellen
- ✧ Liköransatz abseihen
- ✧ Zucker und Wasser aufkochen
- ✧ lauwarm mit dem Likör mischen
- ✧ mit halber Menge Sherry oder Madeirawein mischen

Holundersekt

6 l Wasser
20 Stk. Holunderblüten
2 kg Zucker
4 Stk. Zitronen
1/4 l Weinessig

- ✧ Wasser mit Zucker aufkochen und abkühlen lassen
- ✧ mit Zitronenscheiben, Weinessig, Holunderblüten vermischen
- ✧ 3-4 Tage an der Sonne stehen lassen
- ✧ abseihen und in Flaschen füllen

Holundersirup

3 l Wasser
1,5 kg Zucker
5 dag Zitronensäure
5 Zitronen
ca. 25 Holunderblüten

✧ Wasser mit Zucker aufkochen und abkühlen lassen
✧ mit Zitronenscheiben, Säure und Blüten vermischen
✧ 3-4 Tage an der Sonne stehen lassen
✧ abseihen und in Flaschen füllen

Schwarzbeerschnaps

2 l Treberschnaps
60 dag Schwarzbeeren
16 Stk. Mohnzuckerlen

✧ Zutaten auf 3 Flaschen aufteilen
✧ Mohnzuckerlen aufschneiden und aufteilen
✧ für 3 Wochen in die Sonne stellen
✧ danach eventuell Schwarzbeeren abseihen und Flaschen mit Schnaps ruhig stellen

Knoblauch in Öl

30 dag Knoblauchzehen
2 EL Salz
1 Prise Zucker
1/8 l Essig
2 Lorbeerblätter
2 Rosmarienzweige
1/4 l Olivenöl

✧ geschälte Knoblauchzehen in einem Sud aus 1/2 l Wasser, Essig, Salz und Prise Zucker 5 Minuten kochen
✧ Knoblauchzehen ausbreiten und trocknen lassen
✧ Knoblauchzehen, Lorbeerblätter und Rosmarienzweige in ein Glas schichten
✧ Olivenöl darübergießen, verschließen, Glas schütteln
✧ kühl aufbewahren

Hollergelee

50 dag Holunderbeeren
20 dag reife Birnen
Saft von 1 Zitrone
50 dag Gelierzucker

✧ Holunderbeeren verlesen, waschen und abtropfen lassen
✧ Birnen schälen und in kleine Stücke schneiden
✧ Früchte mischen und weichkochen
✧ mit Mixstab pürieren
✧ Zucker und Zitronensaft unterrühren
✧ 6 Minuten sprudelnd kochen lassen
✧ heiß in Gläser füllen und gut verschließen

*Völser Kirchtagskrapfen, Lüsner Krapfen,
Kniekiachlan und Marmeladekrapfen
Rezepte auf den Seiten 45, 138, 152, 181*

Marmeladekrapfen
Rezept auf Seite 181

Eisacktal und Gröden

Sterzing, die alte Knappenstadt, Brixen, die Bischofsstadt, und Klausen mit dem Kloster Säben sind kultur- und kunsthistorische Zentren entlang der Brennerlinie im Eisacktal.

Ein einmaliges kunsthistorisches Juwel hat sich in den Arkaden des Brixner Kreuzganges erhalten. Dort spiegelt sich in einem umfassenden Freskenzyklus die Entwicklung der gotischen Wandmalerei wider.

Geographisch gesehen ein Nord-Süd-Tal, hat das Eisacktal verschiedene Kleinklimazonen, welche unterschiedliche Produktionsbedingungen darstellen.

Bis etwa in die Gegend von Brixen reicht der Weinbau, weiter nördlich finden wir hauptsächlich Milchviehhaltung als landwirtschaftliche Produktionsquelle.

Der Süden des Eisacktales ist landschaftlich zudem von den Edelkastanienbäumen geprägt. Beim Törggeln im Herbst, einem beliebten Brauch, wird der neue Wein verkostet.

Dazu bietet die Eisacktaler Küche das Geselchte mit Kraut und Knödel. Süße Krapfen und die gebratenen Kastanien bilden den kulinarischen Abschluß.

Eisacktal, Gröden, Wipptal 🌿 Suppen

Wasserfriggelensuppe

20 dag Weizenmehl
1 Ei
Salz
etwas Wasser
1 l Fleischsuppe oder Gemüsesud
1 kleine Zwiebel
etwas Öl

- ◇ Mehl, Ei, Salz und etwas Wasser abbröseln
- ◇ in die kochende Suppe geben
- ◇ mit Schneebesen verrühren
- ◇ einige Minuten kochen lassen
- ◇ würfelig geschnittene Zwiebel anrösten und über die Suppe geben

Gerstsuppe

10 dag geräucherter Speck
10 dag Gerste
20 dag Selchfleisch
6 dag Karotten
4 dag Porree
6 dag Kartoffeln
4 dag Sellerie
Salz, Pfeffer
Schnittlauch

- ◇ würfelig geschnittenen Speck anrösten
- ◇ Gerste dazugeben, mit ca. 2 l Wasser auffüllen
- ◇ aufkochen lassen
- ◇ Selchfleisch beifügen
- ◇ 2 Stunden kochen lassen
- ◇ 20 Minuten vor Ende der Garzeit kleinwürfelig geschnittenes Gemüse dazugeben
- ◇ Suppe abschmecken, Fleisch in kleine Stücke schneiden und wieder in die Suppe geben
- ◇ Suppe aufteilen und mit gehacktem Schnittlauch bestreuen

Fleisch in kochendes Wasser geben, Außenschicht schließt sich, Fleischsaft enthält wertvolle Vitamine, Minerale und Eiweißstoffe

Brennsuppe

7 dag Butter
7 dag Mehl
Salz, Lorbeerblatt
1 l Wasser
1 Semmel

- Butter schmelzen, Mehl hineinsieben
- mit Schneebesen gut verrühren
- Wasser und Lorbeerblatt dazugeben, salzen
- 30 Minuten kochen lassen
- abschmecken und mit Brotwürfel servieren

1 Ei *hineinschlagen, aufkochen lassen*

Speckknödelsuppe

40 dag Weißbrot
15 dag Speck
3 Eier
etwa 1/8 l Milch
Salz, Pfeffer
Petersilie
1 1/2 EL Mehl
1 l Fleischsuppe oder Gemüsesud
Schnittlauch

- würfelig geschnittenes Brot und Speck mit den übrigen Zutaten gut vermengen
- Masse etwas anziehen lassen
- Mehl unterrühren, kleine Knödel formen
- in der Fleischsuppe bzw. im Gemüsesud ca. 15 Minuten ziehen lassen
- mit Schnittlauch servieren

Milchsuppe

3 dag Butter
12 dag Weizenmehl oder
8 dag Weizenvollkornmehl
etwas Wasser
1 1/2 l Milch
Salz

- Butter schmelzen und Mehl einrühren
- mit kaltem Wasser und Milch aufgießen
- dabei ständig mit dem Schneebesen rühren
- Suppe aufkochen lassen
- 2 Minuten kochen lassen, abschmecken und servieren

Grießnockensuppe

10 dag Butter
2 Eier
Salz, Muskatnuß
20 dag Grieß
1 l Fleischsuppe oder Gemüsesud
Schnittlauch

- Butter flaumig rühren, mit Salz und Muskatnuß würzen
- nach und nach die Eier dazurühren
- Weizengrieß untermischen
- mit Eßlöffel Nocken formen
- im Salzwasser ca. 25 Minuten ziehen lassen
- mit Schnittlauch in der Suppe servieren

Eisacktal, Gröden, Wipptal 🍂 Fastenspeisen

Apfelschmarren

15 dag Schwarzpolentamehl
5 dag Weizenmehl
2 Eier
Salz
ca. 3/8 l Milch
2 Stk. Äpfel
etwas Öl
Zucker zum Bestreuen

◇ Mehl, Milch und Salz zu einem eher festen Teig verrühren
◇ Eier unterrühren
◇ Öl erhitzen
◇ einen Teil des Teiges eingießen
◇ mit Äpfelwürfel bestreuen
◇ beidseitig goldgelb backen
◇ in Stücke reißen, mit Zucker bestreuen

 damit beim Omelettenteig keine Klumpen entstehen, zuerst Mehl mit Milch verrühren, dann erst Eier unterrühren

Schalderer Krapfen

35 dag Roggenmehl
15 dag Weizenmehl
1 Ei
2 EL Öl
2 mittlere, gekochte Kartoffeln
Salz
Milch nach Bedarf

Fülle:
30 dag gekochte Kartoffeln
7 dag Topfen
1/2 kleine Zwiebel
etwas Öl
Salz, Pfeffer
Muskatnuß
Schnittlauch
evtl. etwas Milch

Fritieröl

- ⟡ Mehl mit Ei, Öl, Salz, passierten Kartoffeln zu einem mittelfesten Teig verarbeiten
- ⟡ Teig dünn auswalken, rund ausstechen, mit Fülle belegen
- ⟡ zusammenklappen und Ränder fest andrücken
- ⟡ Krapfen herausbacken und heiß servieren

Fülle:
- ⟡ Zwiebelwürfel anrösten und mit den übrigen Zutaten gut vermengen

Schwarzplenten mit Käse

1 1/2 l Wasser
35 dag feines Schwarzpolentamehl
10 dag grobes Schwarzpolentamehl
Salz
5 dag Butter
6 dag geriebener Käse
(Ziegenkäse, Graukäse)

- ⟡ ins kochende Wasser Mehl hineinschütten
- ⟡ nicht umrühren
- ⟡ bei mäßiger Hitze zugedeckt ca. 45 Minuten wallen lassen
- ⟡ kräftig umrühren
- ⟡ 15 Minuten nachdünsten lassen
- ⟡ in zerlassene Butter tauchen und mit Käse bestreuen

 mit zerlassener Butter und geriebenem Mohn servieren

Spinatkrapfen

50 dag gedämpfte Kartoffeln
1 Dotter
Salz, Pfeffer
2 dag Germ
1 Prise Zucker
1/16 l Milch
15 dag Weizenmehl
15 dag Roggenmehl

Fülle:
5 dag blanchierter Spinat
5 dag Topfen
Salz, Pfeffer
Muskatnuß
3 dag geriebener Parmesankäse

Fritieröl

- ⬥ gepreßte Kartoffeln mit Dotter, Salz und Pfeffer mischen
- ⬥ aus Germ, Zucker und Milch Dampfl zubereiten
- ⬥ Dampfl und Mehl unter die Kartoffelmasse kneten
- ⬥ Teig gehen lassen
- ⬥ Teig auswalken, rund ausstechen
- ⬥ Spinatfülle daraufsetzen, Teig zusammenschlagen, Ränder gut andrücken
- ⬥ Krapfen gehen lassen
- ⬥ in heißem Öl herausbacken

Pfifferlinggröstel

50 dag Pfifferlinge
1 kleine Zwiebel
etwas Öl
Salz, Pfeffer
1 Knoblauchzehe
etwas Weißwein
1/8 l Fleischsuppe
70 dag gekochte Kartoffeln
3 EL Sahne
Petersilie

*Tiefkühlpilze:
ohne Auftauzeit
weiterverwenden*

- ⬥ Zwiebelwürfel anrösten
- ⬥ grob gehackte Pfifferlinge dazugeben
- ⬥ sobald der Saft eingekocht ist, mit Weißwein löschen
- ⬥ gehackten Knoblauch, Salz und Pfeffer beifügen
- ⬥ in Scheiben geschnittene Kartoffeln dazugeben
- ⬥ mit etwas Suppe aufgießen und dünsten
- ⬥ vor dem Servieren mit Sahne und Petersilie verfeinern

Nudelroast

50 dag Nudeln (Maccheroni)
etwas Öl
1 kleine Zwiebel
2 Eier
Salz, Pfeffer
Schnittlauch

✧ Nudeln in Salzwasser kernig weich kochen
✧ Zwiebelwürfel anrösten
✧ Nudel dazugeben und goldgelb rösten
✧ Eier mit Salz, Pfeffer und Schnittlauch verquirlen
✧ Eiermilch darübergießen und stocken lassen
✧ mit Salat servieren

 Nudel kochen: für 10 dag Nudel 1 Liter Wasser

Schwarzpolentamus

25 dag Schwarzpolentamehl
10 dag Weizenmehl
1 l Milch
1/2 l Wasser
Salz
5 dag zerlassene Butter

✧ Milch, Wasser, Salz zum Kochen bringen
✧ das vermischte Mehl mit dem Schneebesen einrühren
✧ 30 Minuten langsam kochen lassen, dabei ständig rühren
✧ Mus etwas abkühlen lassen
✧ mit zerlassener Butter abschmelzen

Brotauflauf

35 dag Weißbrot
1/2 l Milch
5 dag Grieß
6 dag Zucker
3 Eier
Salz, Zimt
Zitronenschale
3 Stk. Äpfel oder Birnen

- ✧ würfelig geschnittenes Brot mit Milch, Grieß, Zucker, Dotter, Salz, Zimt und Zitronenschale gut verrühren
- ✧ Äpfel bzw. Birnen blättrig hobeln
- ✧ Eiweiß steif schlagen
- ✧ Äpfel bzw. Birnen und das Eiweiß unter die Brotmasse rühren
- ✧ in befettete Auflaufform füllen
- ✧ bei 180°C ca. 40 Minuten backen

Ronenknödel

30 dag Weißbrot
2 Eier
1/8 l Milch
2 mittlere gekochte Ronen
2 EL Öl
Salz, Pfeffer
Petersilie
zerlassene Butter
Parmesankäse

- ✧ würfelig geschnittenes Brot mit kleingeschnittenen Ronen und Öl fein pürieren
- ✧ Eier und Milch unterrühren, würzen
- ✧ kleine Knödel formen
- ✧ 10 Minuten in Salzwasser ziehen lassen
- ✧ mit Butter und Parmesankäse servieren

Eisacktal, Gröden, Wipptal 🌿 Fastenspeisen

Kräuternocken

40 dag Mehl
3 Eier
Salz, Pfeffer
Schnittlauch
Majoran, Basilikum
Petersilie
1/4 l Milch
6 dag Emmentaler
zerlassene Butter
Parmesankäse

✧ Mehl, Eier, Salz, Pfeffer, feingehackte Kräuter, Milch und grob geriebenen Käse gut vermengen
✧ Teig ins kochende Salzwasser in Form von kleinen Nocken einlegen
✧ aufkochen und abseihen
✧ mit Butter und Parmesankäse servieren

Ronenkuchen

Teig:
25 dag Mehl
8 dag Butter
10 ml Wasser
Salz

Füllung:
1 kleine Zwiebel
3 mittlere Ronen
8 dag Speck
2 Eier
1/2 l Milch
Salz, Pfeffer

✧ Mehl und Butter abbröseln, Salz und Wasser dazugeben
✧ zu einem Teig kneten
✧ 30 Minuten rasten lassen
✧ würfelig geschnittene Zwiebel und Speck glasig werden lassen
✧ gekochte, in Streifen geschnittene Ronen hinzufügen
✧ mit Salz und Pfeffer würzen
✧ Tortenform mit Teig auslegen
✧ Ronenmasse einfüllen, mit dem Eier-Milch-Gemisch übergießen
✧ im vorgeheizten Rohr bei 180°C ca. 30-40 Minuten überbacken

Porree anstelle von Ronen

Graukäsenocken

1 kleine Zwiebel etwas Öl 30 dag Weißbrot ca. 1/4 l Milch 20 dag Graukäse 3 Eier Salz, Pfeffer Petersilie, Schnittlauch 4 dag Mehl Parmesankäse etwas zerlassene Butter	✧ Zwiebelwürfel anrösten ✧ Brotwürfel, Zwiebel, Eier, Milch, Gewürze, Kräuter, Mehl und Käsewürfel gut vermengen ✧ 10 Minuten ziehen lassen ✧ Nocken formen ✧ in Salzwasser 15 Minuten leicht kochen lassen ✧ mit Parmesankäse und Butter servieren

Schwarzpolentanocken

30 dag Weißbrot 3-4 Eier Salz, Pfeffer Schnittlauch Petersilie 18 dag Schwarzpolentamehl 1/8 - 1/4 l Wasser oder Milch 4 dag Weizenmehl 15 dag Gorgonzola	✧ Brotwürfel, Eier, Gewürze, Kräuter, Wasser und Mehl zu einem eher weichen Knödelteig verarbeiten ✧ etwas rasten lassen ✧ Nocken formen ✧ in die Mitte ein Stück Käse geben ✧ in Salzwasser ca. 15 Minuten leicht kochen lassen ✧ mit Salat servieren

Speckwürfel anstelle von Käse in den Teig geben

Spinatnocken

1 kleine Zwiebel	✧ Zwiebelwürfel anrösten
etwas Öl	✧ blanchierten Spinat hinzu-
60 dag Spinat	fügen, mit Salz, Pfeffer,
1 Knoblauchzehe	Muskatnuß und gepreßtem
Salz, Pfeffer	Knoblauch würzen
Muskatnuß	✧ Brotwürfel, Spinat, Milch,
30 dag Weißbrot	Eier und Mehl gut ver-
ca. 1/4 l Milch	mengen
2 Eier	✧ Masse etwas ziehen lassen
4 dag Mehl	✧ Nocken formen
Parmesankäse	✧ in Salzwasser 15 Minuten
zerlassene Butter	leicht kochen lassen
	✧ mit Butter und Parmesankäse servieren

Eisacktal, Gröden, Wipptal ❧ Fastenspeisen

Lüsner Krapfen

Sauerteig:
1/4 l Buttermilch
2 dag Germ
4 EL Roggenmehl

Teig:
70 dag Roggenmehl
12 dag Weizenmehl
3/4 l saure Milch
2 dag Germ
6 dag zerlassene Butter
1 EL Rum
Salz
2 EL Anis

- Buttermilch mit Germ und Roggenmehl verrühren
- 36 Stunden stehen lassen
- Weizen- und Roggenmehl mischen, salzen und Anis dazugeben
- Dampfl zubereiten
- Sauerteig, Dampfl, Mehl und restliche Zutaten zu einem mittelfesten Teig verarbeiten
- Teig gehen lassen
- eine Rolle formen
- ca. 50 g schwere, längliche Scheiben abschneiden
- Teigstücke in Mehl wälzen und längliche Rollen formen, (Schnittfläche ist obenauf)
- gehen lassen
- mit scharfem Messer die Rollen der Länge nach einritzen
- jeweils 2 Teigrollen an den oberen und unteren Enden zusammendrücken, sodaß ein Paar entsteht
- mit dem Einschnitt nach oben ins heiße Fett legen
- langsam backen
- mit Fleischsuppe servieren

Schweinsrippelen mit Erdäpfel

80 dag Schweinsrippelen
70 dag Kartoffeln
etwas Öl
Salz, Pfeffer
Knoblauch, Kümmel

- Rippelen mit Salz, Pfeffer, zerquetschtem Knoblauch und Kümmel einreiben
- in einer Bratpfanne auf allen Seiten anbraten
- mit etwas Wasser aufgießen
- ca. 30 Minuten dünsten lassen
- geschälte, geviertelte Kartoffeln dazugeben, salzen
- ca. 45 Minuten dünsten lassen
- mit Kümmel bestreuen und mit Krautsalat servieren

Anbraten: in wenig Öl, da Fleisch bereits Fett enthält

Gänsebraten

2 Gänsekeulen
Salz, Pfeffer
etwas Fleischsuppe
Schale von 1/2 Orange
1 EL Mehl
2 EL Rotwein

- Gänsekeulen mit Salz und Pfeffer einreiben
- Fleisch anbraten
- mit Fleischsuppe aufgießen
- weichdünsten
- Fleisch herausnehmen und warmstellen
- Orangenschale mit Mehl und Wasser zu einem Teig verrühren
- zum Bratenrückstand geben, aufkochen lassen
- mit Rotwein abschmecken
- Gänsekeulen tranchieren
- mit Soße und Reis oder Buchweizenspatzlan servieren

Rehbraten

80 dag Rehfleisch
1 Zwiebel
Pfeffer, Curry, Salz
etwas Öl
Fleischsuppe
Lorbeer, Knoblauchzehe
Rosmarin, Salbei

zum Braten geeignet:
Schulter, Rücken,
Schlegel

- ✧ Fleisch mit Pfeffer, Curry und Öl einreiben
- ✧ 4 Stunden ziehen lassen
- ✧ von allen Seiten scharf anbraten
- ✧ mit Suppe aufgießen
- ✧ Kräuter und Salz beifügen und fertig garen
- ✧ Fleisch herausnehmen und zugedeckt etwas ziehen lassen
- ✧ Soße zubereiten
- ✧ mit Bandnudeln oder Schupfnudeln servieren

Schafsbraten

80 dag Schulter, Rücken oder
Schlegel
etwas Öl
1 kleine Zwiebel
1 Knoblauchzehe
Kümmel, Lorbeer
Rosmarin
3 Nelken, Neugewürz
Salz, Pfeffer
Fleischsuppe
2 dag Mehl

- ✧ Fleisch in etwas Öl anbraten
- ✧ Zwiebelwürfel dazugeben
- ✧ mit Suppe aufgießen
- ✧ mit Kräutern, Salz, Gewürzen würzen
- ✧ fertig garen lassen
- ✧ öfters wenden und mit heißer Fleischsuppe begießen
- ✧ Soße abseihen, abschmecken, eventuell mit Mehl binden
- ✧ Schafsbraten mit Gemüse und Kartoffeln servieren

Bozner Weihnachtszelten
Rezept auf Seite 42

Ribis-Marillen-, Quitten- und Preiselbeermarmelade,
Löwenzahn- und Fichtenhonig
Rezepte auf den Seiten 89, 153, 187

Gefüllte Kalbsschnitzel

4 kleine Kalbsschnitzel
10 dag faschiertes Kalbfleisch
1 Eidotter
Salz, Pfeffer, Thymian
1 EL Brösel
1/8 l Weißwein
1 EL Sahne
etwas Gemüsesud
Petersilie

- ✦ Faschiertes mit Eidotter, Salz, Pfeffer, Thymian, Brösel mischen
- ✦ Schnitzel mit Fülle bestreichen
- ✦ einrollen und mit Zahnstocher fixieren
- ✦ in etwas Öl anbraten
- ✦ mit Weißwein löschen
- ✦ mit etwas Suppe aufgießen
- ✦ zugedeckt einige Minuten dünsten lassen
- ✦ Soße mit Sahne und Petersilie abschmecken
- ✦ mit Spatzlan, Gemüse oder Reis servieren

 Dünsten: Garen im geschlossenen Topf, im eigenen Saft oder in wenig Flüssigkeit

Osterkränze

50 dag Weizenmehl
8 dag Zucker
4 dag Germ
ca. 1/4 l Milch
8 dag Butter
10 dag Sultaninen
4 Dotter
1 Prise Salz
Schale von 1/2 Zitrone

- ✧ Mehl und Salz mischen
- ✧ Dampfl zubereiten
- ✧ alle Zutaten zu einem glatten Germteig verarbeiten
- ✧ gehen lassen
- ✧ 40 cm lange dünne Zöpfe formen
- ✧ zu einem Kranz binden
- ✧ 10 Minuten gehen lassen
- ✧ bei 200°C goldgelb backen
- ✧ noch heiß mit Honigwasser bestreichen

Brottorte

20 dag Zucker
6 Dotter
5 dag geriebene Mandeln
5 dag geriebene Schokolade
1 MS Zimt
1 MS Nelkenpulver
6 Eiweiß
8 dag Brösel
6 dag Weizenmehl
Schale von 1/2 Zitrone

- ✧ Zucker und Dotter sehr schaumig rühren
- ✧ Mandeln, Schokolade, Zimt, Nelkenpulver und Zitronenschale unterrühren
- ✧ steif geschlagenes Eiweiß abwechselnd mit dem Mehl-Brösel-Gemisch unterheben
- ✧ bei 180°C ca. 1 Stunde backen
- ✧ ausgekühlt evtl. mit Marillenmarmelade bestreichen

 steif geschlagenes Eiweiß nur unterheben, nie unterrühren, da ansonsten die Luftbläschen im Eischnee zerstört werden

Ölkuchen

4 Dotter
20 dag Zucker
1/8 l Wasser
1/8 l Glas Öl
Schale von 1 Zitrone
25 dag Weizenmehl
1 Backpulver
4 Eiweiß

✧ Dotter und Zucker sehr schaumig rühren
✧ Wasser, Öl und Zitronenschale dazugeben
✧ gemischtes Mehl abwechselnd mit dem steif geschlagenen Eiweiß unter die Schaummasse heben
✧ bei 180°C backen

 Biskuitmasse nicht stehen lassen, sonst fällt der Teig zusammen und verliert an Lockerheit

Jörgele Schnitten

22 dag Butter
22 dag Zucker
4 Eier
1 Vanillezucker
22 dag Sultaninen
22 dag Nüsse oder Mandeln
22 dag Weizenmehl
1 Backpulver

✧ Butter und Zucker flaumig rühren
✧ Eier nach und nach darunterrühren
✧ Vanillezucker, Sultaninen, Nüsse, Mehl und Backpulver mischen und unter den Abtrieb heben
✧ Masse auf ein Blech streichen
✧ bei 175°C backen
✧ kalt in Schnitten schneiden

 alle Zutaten sollen Zimmertemperatur haben

Bananencreme

2 Eier
5 dag Zucker
200 ml Sahne
1 Banane
1-2 EL Rum

- Eier und Zucker sehr schaumig rühren
- zerdrückte Banane und steifgeschlagene Sahne unter die Schaummasse heben
- mit Rum abschmecken
- portionieren und kühl stellen

Schwarzplentene Roulade

6 Dotter
4 EL Zucker
1 Vanillezucker
3 EL heißes Wasser
6 Eiweiß
4 EL Schwarzpolentamehl
2 EL Weizenmehl
1 MS Backpulver
200 ml Sahne
10 dag Preiselbeermarmelade

- Dotter, Zucker und Wasser schaumig rühren
- Mehl mit Backpulver vermischen
- steif geschlagenes Eiweiß und Mehl abwechselnd unter die Schaummasse heben
- Masse aufs Backblech mit Backpapier streichen
- bei 190°C ca. 12-15 Minuten backen
- Roulade stürzen, aufrollen und erkalten lassen
- steif geschlagene Sahne mit Marmelade mischen
- Roulade damit füllen

 Roulade auf ein bezuckertes Geschirrtuch stürzen, Papier abziehen; Roulade mit dem Geschirrtuch eng einrollen

Mohnmingilan

50 dag gedämpfte, passierte Kartoffeln
2 Eier
Salz
10 dag geriebenen Mohn
1 MS Zimt
15 dag Weizenmehl
2 Eier
Salz
1/4 l Milch
etwas Zucker
1 Vanillezucker
1 Schuß Rum
Fritieröl
Staubzucker zum Bestreuen

- ⟡ Kartoffeln, Eier, Salz, Mohn und Zimt zu einer festen Masse zusammenkneten
- ⟡ kleine Kugeln (3 cm Durchmesser) formen
- ⟡ aus Mehl, Eier, Rum, Salz, Zucker und Milch einen festen Omelettenteig zubereiten
- ⟡ Mohnmingilan in Omelettenteig eintauchen
- ⟡ in heißem Fett schwimmend herausbacken
- ⟡ mit Staubzucker bestreuen

Germmingilan

50 dag Weizenmehl
8 dag Zucker
Salz
1/4 l lauwarme Milch
1 Ei
4 Dotter
8 dag Butter
3 dag Germ
1 EL Rum
1 Vanillezucker
Schale von 1 Zitrone
6 dag Sultaninen
Fritieröl

- ⟡ Mehl mit Salz mischen
- ⟡ Dampfl zubereiten
- ⟡ alle Zutaten zu einem nicht zu festen, glatten Teig verarbeiten
- ⟡ 30 Minuten gehen lassen
- ⟡ mit einem in Öl getauchten Eßlöffel Nocken ausstechen
- ⟡ ins heiße Fett einlegen und von allen Seiten hellbraun backen
- ⟡ mit Kompott servieren

Schüttelkuchen

30 dag Mehl
30 dag Zucker
8 dag geriebene Schokolade
15 dag geriebene Nüsse
1 MS Zimt
1 Backpulver
1 Tasse Kaffee
15 dag zerlassene Butter
4 Eier

- ✧ Mehl, Zucker, Schokolade, Nüsse, Zimt, Backpulver in eine Schüssel geben
- ✧ mit einem Deckel gut verschließen und kräftig schütteln
- ✧ Kaffee, Butter und Eier dazugeben und nochmals kräftig schütteln
- ✧ in eine vorbereitete Kuchenform füllen
- ✧ bei 175°C ca. 1 Stunde backen

Wipptaler Krapfen

40 dag Roggenmehl
10 dag Weizenmehl
1 EL Öl
Salz
1 Ei
ca. 1/4 l Milch

Fülle:

2 Stk. geriebene Äpfel
8 dag geriebener Mohn
2 EL Sultaninen
10 dag Topfen
1 Vanillezucker
Zimt
1 EL Rum
Zucker nach Geschmack

Fritieröl

- ✧ alle Zutaten zu einem glatten Teig kneten
- ✧ kleine Stücke abschneiden
- ✧ ovale Blätter auswalken
- ✧ mit Fülle belegen
- ✧ der Länge nach in der Mitte zusammenklappen
- ✧ Ränder fest andrücken
- ✧ in heißem Öl schwimmend herausbacken

Fülle:

- ✧ alle Zutaten vermengen, mit Zucker abschmecken

Grödner Kirchtagskrapfen

50 dag Weizenmehl
Salz
8 dag Zucker
6 dag Germ
5 dag zerlassene Butter
2 Eidotter
Rum oder Schnaps
Zitronenschale
ca. 1/4 l Milch

Fülle:

20 dag geriebener Mohn
1/8 l Milch
1 Vanilleschote
2 EL Zucker
etwas Honig
1 EL Rum
Nelken- und Zimtpulver
Fritieröl

- ✧ Mehl, Salz und Zucker mischen
- ✧ Dampfl zubereiten
- ✧ Dotter, lauwarme Milch, Butter und Rum versprudeln und dazugeben
- ✧ einen mittelfesten Germteig abschlagen
- ✧ Teig gehen lassen
- ✧ 1/2 cm dick auswalken
- ✧ Quadrate ausradeln
- ✧ Fülle daraufsetzen
- ✧ zu einem Dreieck zusammenschlagen und Ränder gut festdrücken
- ✧ nochmals abradeln
- ✧ zugedeckt gehen lassen
- ✧ in heißem Öl schwimmend herausbacken

Fülle:

- ✧ Milch mit Vanillemark und Zucker aufkochen, Mohn einrühren, aufkochen lassen, mit Honig und Geschmackszutaten abschmecken

Eisacktal, Gröden, Wipptal & Süßspeisen und Gebäck

Mohnkuchen

50 dag Weizenmehl
1 Backpulver
18 dag Zucker
1 Vanillezucker
2 Eier
10 dag Butter
25 dag Topfen

Fülle:
35 dag gemahlener Mohn
12 dag Zucker
knapp 1/8 l Milch
6 dag Butter
1 TL Zimt
1 Ei
1 EL Rum
6 dag Sultaninen

- alle trockenen Zutaten vermischen
- Butter abbröseln
- mit Eier und Topfen rasch zu einem Mürbteig verarbeiten
- ca. 1/2 Stunde kühl rasten lassen
- Teig in 4 gleiche Stücke teilen
- jeweils zu einem Teigblatt in der Größe der Tortenform (Durchmesser 26 cm) ausrollen
- ein Teigblatt in die Form legen
- Fülle daraufstreichen, mit Teigblatt bedecken
- so fortfahren, bis Fülle und Teigblätter aufgebraucht sind
- oberste Teigschicht mit Milch bestreichen
- bei 180°C ca. 65-70 Minuten backen

Fülle:

- Milch mit Zucker und Butter aufkochen, Mohn, Zimt, Ei, Rum und Sultaninen unterrühren, Mohnmasse auskühlen lassen

Topfenstollen

75 dag Weizenmehl
34 dag Topfen
12 dag gehackte Nüsse
10 dag geschälte, gehackte Mandeln
15 dag Weinbeeren
10 dag Sultaninen
1 Vanillezucker
1 Backpulver
Schale von 1 Zitrone
30 dag Zucker
20 dag Butter
1 TL Zimt
1/2 TL Nelkenpulver
4 Dotter
2 EL Rum
4 dag zerlassene Butter
4 dag Staubzucker

✧ Nüsse, Mandeln, Weinbeeren, Sultaninen, Gewürze, Zitronenschale mit Rum über Nacht ziehen lassen
✧ Mehl mit Butter abbröseln
✧ Topfen, Dotter, Zucker und Früchte untermengen
✧ 3 kleine Stollen formen
✧ bei 180°C langsam backen
✧ heiß mit zerlassener Butter bestreichen
✧ mit Staubzucker bestreuen

 Sultaninen und Weinbeeren abspülen, mit Tuch trockenreiben und in Mehl wenden

Kniekiachlan

50 dag Mehl
1 Prise Salz
3 dag Germ
3 Dotter
6 dag Butter
5 dag Zucker
ca. 1/4 l Milch
1 Stamperl Rum
Fritieröl
Preiselbeermarmelade

- Mehl mit Salz vermischen
- Dampfl bereiten
- lauwarme Milch, Dotter, zerlassene Butter und Rum dazugeben
- zu einem mittelfesten Teig abschlagen
- zugedeckt gehen lassen
- mit einem Löffel Teigstücke abstechen, auf dem Brett zu Kugeln ausformen
- zugedeckt gehen lassen
- jedes Kiachl so auseinanderziehen, daß der Teig in der Mitte sehr dünn ist, am Rand soll er dick bleiben
- mit der oberen Seite nach unten in das heiße Öl einlegen, mit Öl bespritzen
- umdrehen und fertigbacken
- ins Loch kann Marmelade eingefüllt werden

Eisacktal, Gröden, Wipptal Verschiedenes

Preiselbeermarmelade

1 kg Preiselbeeren
20 dag Äpfel
40 dag Zucker

- Preiselbeeren und geraspelte Äpfel gut verrühren
- ca. 15 Minuten kochen lassen
- Zucker unterrühren
- aufkochen lassen, Gelierprobe machen
- in heiße Gläser einfüllen und verschließen

 Gelierprobe: Teelöffel Marmelade auf einen kalten Teller geben; geliert Marmelade nach kurzer Zeit, ist sie fertig

Zirmschnaps

1 l Treber
1/4 l abgekochtes Wasser
8 halbreife Zirmzapfen (innen noch rot)
20 dag Mohnzucker

- Zirmzapfen vierteln
- alle Zutaten in ein Glas füllen
- verschließen und kräftig schütteln
- 14 Tage stehen lassen
- abseihen
- in Flaschen umfüllen

Graukas

gestockte, saure Magermilch
Salz, Pfeffer

- Milch auf 60°C erhitzen
- stehen lassen, bis sich der Tschotte absetzt
- abseihen, abtropfen lassen
- körnigen Tschotte würzen
- in eine Form oder kleine Schüssel pressen
- zugedeckt an einem warmen Ort reifen lassen

Ziegerkas

saure Magermilch
feingeschnittener Schnittlauch
Salz, Pfeffer

- Milch auf 60°C erhitzen
- stehen lassen, bis sich der Tschotte absetzt
- abseihen, abtropfen lassen
- Schnittlauch und Gewürze untermengen
- mit nassen Händen Kegeln formen und auf ein Brett setzen
- 1-2 Tage trocknen lassen
- in eine Schüssel legen, mit einem Tuch abdecken
- ca. 15 Tage an einem warmen Ort stehen lassen
- zwischendurch den Ziegerkas umschichten
- sobald sich eine schmierige Schicht gebildet hat, ist der Ziegerkas reif

Pustertal

Bereits in vorgeschichtlicher Zeit besiedelt, wurde das Pustertal um Christi Geburt von den Römern besetzt. Die Ausgrabungen "Sebatum" und Aguntum" erinnern noch heute an römische Militärstationen. Im 8. Jhd. wurde das Stift Innichen gegründet, welches für den großartigen romanischen Kirchenbau über die Grenzen bekannt geworden ist.

Die spätgotische Pfarrkirche von St. Sigmund beherbergt einen der bedeutendsten, vollständig erhaltenen gotischen Flügelaltäre (1430) des Landes.

Das Pustertal ist für seine Grünlandwirtschaft und das Milchvieh bekannt. Wiesen und Weideflächen prägen neben Kartoffeläckern und Maisfeldern das Landschaftsbild des rauhesten Tales von Südtirol.

Graukäse, Zieger und andere köstliche Käsesorten werden auf den Pusterer Almen hergestellt.

Landauf, landab bekannt sind auch die Pusterer Kartoffeln, welche Grundlage für eine ganze Reihe von typischen Gerichten darstellen. Neben den Pusterer Tirtlan und dem Erdäpfelriebler sind wohl die Schlutzkrapfen, vorzugsweise mit Spinat gefüllt, das Markenzeichen der Pustertaler Küche geworden.

Porreesuppe

1 Stange Porree
16 dag Kartoffeln
etwas Öl
1 Zwiebel
Salz, Pfeffer
Muskatnuß
1 EL Sahne
Schnittlauch

jede andere Gemüseart

- ◇ würfelig geschnittene Zwiebel anrösten
- ◇ Porree und Kartoffeln in kleine Würfel schneiden und dazugeben, würzen mit Salz, Pfeffer, Muskat
- ◇ dünsten lassen
- ◇ Wasser bzw. Suppe aufgießen, aufkochen lassen und abschmecken
- ◇ mit Sahne und gehacktem Schnittlauch verfeinern

Erdäpfelsuppe mit Milch

1 Zwiebel
etwas Öl
60 dag Kartoffeln
3 EL Kräuter:
Majoran, Thymian,
Petersilie, Basilikum
Salz, Pfeffer
3/4 l Milch
1 Semmel

Kräuter können Salz teilweise ersetzen

- ◇ Zwiebelwürfel anrösten
- ◇ Kartoffelwürfel dazugeben
- ◇ mit 1/4 l Wasser aufgießen
- ◇ würzen mit Salz und Pfeffer
- ◇ Suppe kochen lassen
- ◇ Suppe pürieren, Milch unterrühren
- ◇ 5 Minuten kochen lassen
- ◇ feingehackte Kräuter dazugeben
- ◇ mit gebähten Brotwürfeln servieren

Käsesuppe

1 kleine Zwiebel
etwas Öl
1/16 l Weißwein
3 dag Mehl
1 l Suppe oder Wasser
15 dag Gorgonzola
1 Knoblauchzehe
Schnittlauch
1 Semmel

- ✧ Zwiebelwürfel anrösten
- ✧ mit Mehl stauben
- ✧ löschen mit Weißwein
- ✧ mit Suppe oder Wasser aufgießen
- ✧ würzen
- ✧ ca. 5 Minuten kochen lassen
- ✧ Gorgonzola einrühren, aufkochen lassen
- ✧ mit Schnittlauch und gebähten Brotwürfeln servieren

Kräuter: unter das fertige Gericht rühren oder darüberstreuen

Pustertaler Grießnockensuppe

18 dag Grieß
2 Eier
8 dag Butter
Salz, Pfeffer
Muskatnuß
Petersilie
Gemüsesud oder Fleischsuppe

- ✧ Eier, Öl, Gewürze und Kräuter gut vermengen
- ✧ Grieß dazugeben
- ✧ etwas Öl erhitzen
- ✧ kleine Nocken formen
- ✧ auf beiden Seiten leicht anbraten
- ✧ in Fleischsuppe oder Gemüsesud ca. 20 Minuten leicht kochen lassen

Ribissaft, Himbeer- und Orangensirup, Holundersekt,
Nußlikör und Kümmelschnaps
Rezepte auf den Seiten 85, 86, 120, 188

Ziegen- und Graukäse
Rezepte auf Seite 154

Bauernsuppe

6 dag Karotten
6 dag Porree
6 dag Sellerieknolle
2 EL Weizenschrot
3 EL Haferschrot oder Haferflocken
2 EL frische Kräuter
Salz
1 l Gemüsesud
2 EL Sahne

- ✧ Weizen- und Haferschrot mit Wasser bedecken
- ✧ 1 Stunde stehen lassen
- ✧ Gemüse in kleine Würfel schneiden und im Gemüsesud halb weich kochen
- ✧ eingeweichten Weizen- und Haferschrot dazugeben und würzen
- ✧ 10 Minuten kochen lassen
- ✧ frisch gehackte Kräuter und Sahne unterrühren

Pustertal 🌿 *Fastenspeisen*

Erdäpfelnudeln

75 dag Kartoffeln
2 Dotter
Salz, Muskatnuß
4 dag Butter
20 dag Mehl
1/4 l Tomatensauce
Parmesankäse

Dämpfen: schonende Garmethode, wertvolle Inhaltsstoffe bleiben weitgehendst erhalten

- ❖ Kartoffeln dämpfen, schälen und heiß pressen
- ❖ Kartoffeln, Dotter, Gewürze, Butter und Mehl rasch zu einem Kartoffelteig kneten
- ❖ Rollen formen, Stücke herunterschneiden und zu Gnocchi formen
- ❖ im kochenden Salzwasser ca. 1 Minute kochen lassen
- ❖ abseihen
- ❖ mit Tomatensauce und Parmesankäse servieren

Spinatpudding

40 dag Spinat
4 Dotter
1 EL Sahne
1/2 kleine Zwiebel
1 Knoblauchzehe
Salz, Pfeffer
Muskatnuß
3 dag Butter
3 dag Parmesankäse

Mangold, Broccoli, Brennesseln, Sauerampfer

- ❖ Spinat kochen und passieren
- ❖ fein gehackte Zwiebel, zerdrückte Knoblauchzehe, Dotter und Sahne zum Spinat geben
- ❖ mit Salz, Pfeffer und Muskatnuß abschmecken
- ❖ kleine Puddingförmchen befetten und bebröseln
- ❖ Masse einfüllen
- ❖ Förmchen in ein Wasserbad stellen
- ❖ bei 200°C ca. 20 Minuten garen
- ❖ Pudding stürzen und mit Parmesankäse und zerlassener Butter servieren

Pustertal ❦ Fastenspeisen

Erdäpfelschlutzkrapflan

50 dag Kartoffeln
2 Dotter
Salz, Muskatnuß
4 dag Butter
20 dag Mehl

Fülle:
10 dag Topfen
2 dag Schinken
1 Dotter
Salz, Pfeffer
Petersilie
3 dag Parmesankäse
zerlassene Butter
Parmesankäse

- ✧ Kartoffeln dämpfen, schälen und heiß pressen
- ✧ Kartoffeln, Dotter, Gewürze, Butter und Mehl rasch zu einem Kartoffelteig zusammenkneten
- ✧ für die Fülle alle Zutaten gut vermengen
- ✧ Kartoffelteig auswalken
- ✧ Scheiben ausstechen, mit Fülle belegen
- ✧ zusammenklappen, gut andrücken
- ✧ im kochenden Salzwasser ca. 8 Minuten leicht kochen lassen
- ✧ abseihen
- ✧ mit Butter und Parmesankäse servieren

 Schinken-, Spinat-, Käsefülle

Erdäpfelroast

1 l Wasser
20 dag grobes, gelbes Polentamehl
Salz
15 dag gekochte Kartoffeln
etwas Öl
feingehackter Schnittlauch

- ✧ Wasser zum Kochen bringen
- ✧ salzen und Polentamehl mit dem Schneebesen einrühren
- ✧ aufkochen lassen
- ✧ ca. 45 Minuten ausquellen lassen
- ✧ Kartoffeln in Scheiben schneiden
- ✧ in der Pfanne gut anrösten
- ✧ Polentascheiben dazu geben
- ✧ gut durchrösten
- ✧ mit Schnittlauch und Milch servieren

25 *dag Schwarz-polentamehl*

Spinattopfennocken

40 dag blanchierter, passierter Spinat
40 dag Topfen
2 Eier
8 dag Mehl
4 dag Parmesankäse
Muskatnuß, Salz
gehackter Schnittlauch
etwas zerlassene Butter
Parmesankäse zum Bestreuen

- ✧ alle Zutaten miteinander vermischen
- ✧ Nocken formen
- ✧ ins kochende Salzwasser einlegen und ca. 10 Minuten ziehen lassen
- ✧ mit Schnittlauch, Parmesankäse und Butter servieren

 Butter: bei niedriger Temperatur schmelzen, soll gelblich-weißlich sein

Pustertal ❦ Fastenspeisen

Ofenplent

15 dag Mehl
10 dag Vollkornmehl
3/8 l Milch
4 Eier
1 Prise Salz
4 mittelgroße Äpfel
Saft von 1/2 Zitrone
Zucker und Zimt zum Bestreuen

- ✧ Mehl, Vollkornmehl, Milch, Dotter zu einem eher festen Schmarrenteig verrühren
- ✧ 30 Minuten quellen lassen
- ✧ Eiweiß mit Salz steif schlagen und vorsichtig unter den Teig heben
- ✧ Äpfel schälen, blättrig hobeln, mit Zitronensaft beträufeln
- ✧ Auflaufform befetten, Teig hineingießen
- ✧ Apfelstücke daraufgeben, mit Zucker und Zimt bestreuen
- ✧ bei 200°C 30 Minuten goldgelb backen

 Vollkornmehl: braucht mehr Flüssigkeit, Quellzeit notwendig

Pustertal Fastenspeisen

Spinatofenplent

15 dag Mehl	✧ aus Mehl, Milch, Salz, Eier einen festen Schmarrenteig zubereiten
10 dag Vollkornmehl	
3/8 l Milch	
3 Eier	✧ 30 Minuten quellen lassen
1 Prise Salz	✧ Butter schmelzen, Mehl einrühren, mit Milch aufgießen
45 dag Spinat	
3 dag Butter	
2 dag Mehl	✧ feingehackten, blanchierten Spinat einrühren
ca. 1/8 l Milch	
Salz, Pfeffer	✧ mit Salz, Pfeffer, Parmesankäse, Muskatnuß abschmecken
Muskatnuß	
3 dag Parmesankäse	
	✧ die Hälfte vom Teig in eine befettete, heiße Auflaufform schütten
	✧ bei 180°C 20 Minuten stocken lassen, Spinatfülle und den Rest des Teiges daraufgeben
	✧ noch für weitere 20 Minuten ins Rohr schieben

Preßknödel

30 dag Weißbrot
15 dag Graukäse
1/8 l Milch
2 Eier
8 dag Porree
feingehackter Schnittlauch
Salz, Pfeffer, Kümmel
6 dag Mehl
etwas Öl

- ⋄ würfelig geschnittenes Brot, Käse, Porree, Milch, Eier, Schnittlauch, Salz, Pfeffer, Kümmel und Mehl gut vermengen
- ⋄ Masse 15 Minuten ziehen lassen
- ⋄ plattgedrückte Knödel formen
- ⋄ in wenig Öl auf beiden Seiten goldgelb anbraten
- ⋄ ins kochende Salzwasser legen und 15 Minuten ziehen lassen
- ⋄ in der Suppe oder mit Krautsalat servieren

Pusterer Preßknödel

20 dag Mehl
15 dag Gorgonzola
10 dag Porree
2 Eier
1 EL Öl
Salz, Pfeffer
feingehackter Schnittlauch
etwas Öl

- ⋄ Mehl, Salz, Öl, Eier, Schnittlauch, Gorgonzola und Porreestückchen mit etwas Wasser zu einem eher festen Teig verarbeiten
- ⋄ in einer Pfanne etwas Öl erhitzen, kleine Häufchen hineingeben
- ⋄ auf beiden Seiten hell backen
- ⋄ ins kochende Salzwasser legen
- ⋄ 15 Minuten ziehen lassen
- ⋄ in der Suppe oder mit Salat servieren

Knödelmasse: durch den Gorgonzola eher fettreich, deshalb wenig Öl in die Pfanne geben

Tirtlan

30 dag Roggenmehl
15 dag Weizenmehl
5 dag Butter
Salz
ca. 1/4 l Wasser-Milch-Gemisch

Fülle:
30 dag Topfen
16 dag Kartoffeln
Salz, Pfeffer
Muskatnuß
1 Knoblauchzehe
Schnittlauch
1 kleine Zwiebel

Fritieröl

- Topfen, gekochte, zerdrückte Kartoffeln, Gewürze, würfelig geschnittene Zwiebel vermengen
- Mehl, zerlassene Butter, Salz und lauwarmes Wasser-Milch-Gemisch zu einem glatten Teig kneten
- 30 Minuten rasten lassen
- Teig dünn zu 15 cm runden Blättern austreiben
- mit Fülle belegen
- 2. Teigblatt darüberlegen, Ränder gut andrücken und abradeln
- im heißen Fritieröl herausbacken

 Spinat-, Sauerkraut-, Kartoffel- oder Mohnfülle

Pustertal Fastenspeisen

Schlutzkrapfen

40 dag Roggenmehl
10 dag Weizenmehl
1 Ei
Salz
3 EL Öl
lauwarmes Wasser nach Bedarf

Fülle:

10 dag Spinat
20 dag Topfen
Salz, Pfeffer
Muskatnuß, Schnittlauch
2 EL Parmesankäse
1 gekochte Kartoffel

- gekochten, gehackten Spinat mit Topfen, zerdrückter Kartoffel, Parmesankäse, Schnittlauch und Gewürzen gut vermengen
- Mehl, Ei, Salz, Öl und lauwarmes Wasser zu einem glatten Teil verkneten
- 30 Minuten rasten lassen
- Teig dünn austreiben, mit einem runden Ausstecher Scheiben ausstechen
- Spinatfülle daraufgeben, die Scheiben zusammenklappen, gut zusammendrücken
- in Salzwasser kochen
- mit Butter und Parmesankäse servieren

 Topfen-Kräuter-Fülle, Kartoffel- oder Sauerkrautfülle

Pustertal 🍎 Fastenspeisen

Erdäpfelblattlan mit Sauerkraut

1 kg Kartoffeln
20 dag Weizenmehl
3 Dotter
Salz, Muskatnuß
Fritieröl
Sauerkraut

✧ Kartoffeln dämpfen, schälen, heiß pressen
✧ auskühlen lassen
✧ Mehl, Salz, Muskatnuß und Dotter unter die Kartoffeln kneten
✧ Teig austreiben
✧ rechteckige Blätter schneiden
✧ im heißen Öl goldgelb backen
✧ mit Sauerkraut servieren

Erdäpfelblattlan: auf Küchenkrepp abtropfen lassen, sind weniger fettig

Blutnudel

30 dag Mehl
20 dag Blut (Schweinsblut)
Salz
1 Ei
8 dag Parmesankäse
5 dag Butter

✧ aus Mehl, Blut, Salz und Ei einen glatten Teig zu bereiten
✧ Teig dünn austreiben und in feine Streifen schneiden
✧ 2-3 Minuten in Salzwasser kochen
✧ abseihen, mit zerlassener Butter und Parmesankäse servieren

Spinat, Kräuter, Ronen

Pustertal ❦ Fastenspeisen

Schnittlauchschmarren

30 dag Mehl
3-4 Eier
Salz, Schnittlauch
ca. 1/2 l Milch
etwas Öl

✧ Mehl, Salz, Milch und feingehackten Schnittlauch gut verrühren
✧ Eier locker unterheben
✧ Öl in einer Pfanne erhitzen, Teig eingießen (in mehreren Partien)
✧ beidseitig backen
✧ in kleine Stücke reißen
✧ mit Salat servieren

Reisauflauf

3/4 l Milch
20 dag Reis
1 Prise Salz
6 dag Zucker
1 Vanillezucker
Schale von 1 ungespritzten Zitrone
6 dag Butter
4 dag Sultaninen
4 Eier

✧ Milch erhitzen, Reis einkochen und ausquellen lassen
✧ Reis auskühlen lassen
✧ Butter, Zucker, Vanillezucker, Zitronenschale, Sultaninen, Dotter unterrühren
✧ Eiweiß steif schlagen und die Hälfte davon unter die Reismasse heben
✧ bei 180°C 35 Minuten backen
✧ geschlagenes Eiweiß daraufgeben
✧ noch ca. 10 Minuten überbacken
✧ mit Zwetschkenkompott, Birnenkompott oder Preiselbeermarmelade servieren

Reisauflauf mit Äpfeln:
eine Lage Reis, eine Lage Äpfel, eine Lage Reis

Hirschgulasch

1 kg Hirschfleisch
(Hals, Rippen, Brust)
1/2 l Buttermilch
6 Stk. Wacholderbeeren
6 dag Speck
1 Zwiebel
ca. 2 dag Mehl
1/8 l Rotwein
Salz, Pfeffer, Thymian,
Knoblauch, Lorbeerblatt

- Fleischstücke 2 Tage in Beize aus Buttermilch und Walcholderbeeren legen
- Zwiebel und Speckwürfel anrösten
- abgetropfte, abgetrocknete Fleischstücke dazugeben, gut durchrösten
- mit Mehl stauben
- mit Rotwein löschen
- würzen, mit ca. 2 Tassen Buttermilchbeize aufgießen
- zugedeckt ca. 90 Minuten dünsten
- mit Buchweizenspatzlan und Gemüse servieren

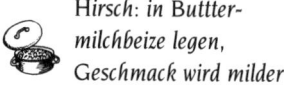

Hirsch: in Buttter-milchbeize legen, Geschmack wird milder

Reh- oder Hirschmedaillons mit Pilzen

50 dag ausgelöster Reh- oder Hirschrücken
etwas Öl
40 dag Pfifferlinge, Champignons oder Trockenpilze
1/8 l Rahm
1 Zwiebel
Salz, Pfeffer
Petersilie
1/8 l Rotwein

✧ Zwiebelwürfel anrösten
✧ halbierte Pilze dazugeben, gut anrösten, mit Wildfond aufgießen und ca. 10 Minuten garen lassen
✧ Wildrücken in ca. 1,5 cm dicke Scheiben schneiden, würzen, scharf anbraten
✧ mit Rotwein löschen, Pfifferlingsauce dazugeben, mit Rahm und Petersilie abschmecken
✧ mit Reis oder Knödel servieren

Wildfond:

✧ grobgehacktes Wurzelwerk, Zwiebelscheiben und Wildknochen anrösten, mit Rotwein und Wasser aufgießen, Wacholderbeeren, Pfefferkörner, Gewürznelken dazugeben, aufkochen, 1 1/2 Stunden kochen lassen, abseihen und bei mäßiger Hitze etwa um 1/4 einreduzieren lassen

 Trockenpilze: mit doppelter Menge Wasser auffüllen und quellen lassen, Restflüssigkeit nicht mitverwenden

Wildgeschnetzeltes

50 dag Wildfleisch (Nuß)	✧ Fleisch in Scheiben schneiden
etwas Öl	✧ mit Selleriewürfel gut anbraten
6 dag Sellerieknollen	✧ mit Rotwein löschen
1/8 l Rotwein	✧ würzen, mit etwas Wasser oder Suppe aufgießen
Salz, Pfeffer	✧ ca. 40 Minuten dünsten lassen
1/8 l Sahne	✧ Marmelade und Sahne unterrühren, kurz ziehen lassen
2 EL Preiselbeermarmelade	✧ mit Fastenknödel oder Spatzlan servieren

 Fleisch gegen die Faser schneiden, Fleisch wird sonst zäh

Bauerneintopf

50 dag Schweins- oder
Kalbsschulter
10 dag Speck
8 dag Karotten
1 kg Kartoffeln
2 Zwiebeln
3/4 l Rindssuppe
Salz, Pfeffer
1 Knoblauchzehe

- Fleisch würfelig schneiden
- Speckwürfel, Zwiebelscheiben gut anrösten
- Fleisch dazugeben, anrösten
- in Scheiben geschnittene Kartoffeln und Karotten dazugeben
- mit Suppe aufgießen
- würzen mit Salz, Pfeffer, Knoblauch
- zudecken und auf kleiner Flamme ca. 30 Minuten dünsten

Pilz-Fleisch-Eintopf

25 dag Schweinsschulter
80 dag Kartoffeln
15 dag Pilze (Pfifferlinge, Steinpilze, Röhrlinge)
1/16 l Rotwein
3 dag Mehl
Salz, Pfeffer, Knoblauch
Petersilie, Schnittlauch

- Fleisch in Würfel schneiden und in etwas Öl anrösten
- Kartoffeln und Pilze in Scheiben schneiden und dazugeben
- mit Mehl stauben
- mit Rotwein löschen
- etwas aufgießen
- zugedeckt ca. 40 Minuten dünsten lassen
- feingehackten Schnittlauch und Petersilie unterrühren

Steinpilze: nicht wässern, verlieren sonst Aroma

Reisfleisch

1 kleine Zwiebel	✧ Zwiebelwürfel anrösten
etwas Öl	✧ Fleischwürfel dazugeben
18 dag Rindsschulter	✧ gut durchrösten, Paprika dazugeben
etwas Paprika	
Salz, Pfeffer, Knoblauch	✧ löschen, mit wenig Wasser aufgießen, würzen
1/16 l Rotwein	
30 dag Reis	✧ dünsten lassen
4 dag Parmesankäse	✧ 15 Minuten vor Ende der Garzeit Reis unterrühren
	✧ mit Parmesankäse und Petersilie servieren

Topfenbuchteln

40 dag Mehl
Salz
1/8 l Milch
2 Dotter
5 dag Zucker
6 dag Butter
2 dag Germ

Fülle:
4 dag Butter
10 dag Zucker
2 Eier
40 dag Topfen
5 dag Sultaninen
ev. etwas Brösel

- Mehl mit Salz und Zucker vermischen
- Dampfl bereiten bzw. Germ einbröseln
- Butter schmelzen und dazugeben
- Dotter mit Milch versprudeln, dazugeben
- zu einem mittelfesten Germteig abschlagen
- dann mit Löffel Teigstücke abstechen
- auseinanderziehen
- mit Topfenfülle füllen
- Buchteln in befettete Auflaufform einlegen
- noch einmal gehen lassen
- ca. 30-45 Minuten bei 180°C backen

 Dampfl zubereiten: Germ mit Zucker, etwas Mehl und lauwarmer Flüssigkeit verrühren, 15 Minuten gehen lassen

Topfenkrapfen

50 dag Weizenmehl
20 dag Butter
15 dag Zucker
40 dag Topfen
2 Eier
1 Backpulver
1 Vanillezucker
1 Prise Salz
Marmelade zum Füllen

- alle Zutaten zu einem mittelfesten Teig verarbeiten
- mit Nudelwalker 1/2 cm dick auswalken
- Scheiben ausstechen, mit Marmelade füllen, in der Mitte zusammenklappen, Rand gut andrücken
- aufs Blech geben
- bei 180°C goldgelb backen

 Mohnfülle

Apfelkuchen

12 dag Butter
12 dag Zucker
2 Eier
1 Zitrone
4 EL Milch
25 dag Mehl
1/2 Backpulver
Butter und Mehl für die Form
10 Stk. Äpfel
Marillenmarmelade

Birnen

- ✧ Butter, Zucker, Eier, Zitronenschale und Milch flaumig rühren
- ✧ Mehl mit Backpulver unter die Masse rühren
- ✧ Teig in eine befettete und bemehlte Tortenform füllen
- ✧ Äpfel schälen, in Viertel schneiden, das Kerngehäuse entfernen
- ✧ Apfelviertel auf der Außenseite mehrmals der Länge nach einschneiden
- ✧ mit Einschnitten nach oben gleichmäßig auf den Teig legen
- ✧ im vorgeheizten Rohr bei 180°C ca. 45 Minuten backen
- ✧ noch heiß mit Marillenmarmelade bestreichen

Zwetschkenkuchen

35 dag Mehl
3 dag Germ
1/8 l Milch
1 Prise Salz
5 dag Butter
7 dag Zucker
Schale von 1 Zitrone
1 Ei

Belag:
1,5 kg Zwetschken
1 KL Zimt
1 EL Zucker

- Dampfl zubereiten
- Mehl mit Dampfl, lauwarmem Milch-Butter-Gemisch, Salz, Zucker, Zitronenschale, Ei zu mittelfestem Germteig zusammenkneten
- ca. 30 Minuten gehen lassen
- Teig auf einem befetteten Blech auswalken
- eng mit geviertelten Zwetschken belegen (Innenseite nach oben)
- ca. 40 Minuten bei 180°C backen
- noch heiß mit dem Zucker-Zimt-Gemisch bestreuen

 Marillen, Pfirsiche, Äpfel

Pustertaler Mohnkrapfen

50 dag Weizenmehl
1 Dotter
1/16 l Öl
1 Prise Salz
1 EL Rum
1 EL Zucker
Wasser nach Bedarf

Fülle:

30 dag Topfen
15 dag geriebener Mohn
1 EL Honig
Zimt
1 Vanillezucker
1 EL Rum
Schale von 1 Zitrone

Fritieröl

- alle Zutaten zu einem nicht zu festen Teig zusammenkneten
- 1 Stunde rasten lassen
- runde Blätter auswalken, mit Mohnfülle belegen, zusammenklappen und Rand fest andrücken

Fülle:

- alle Zutaten gut vermengen
- schwimmend im heißen Öl herausbacken

 Fritieren: Temperatur ist richtig, wenn eingesprengter Wassertropfen zischend verdampft

Marmeladekrapfen

22 dag Weizenmehl
18 dag Roggenmehl
1 Ei
1 Eidotter
2 EL Sahne
3 dag Butter
1 EL Öl
1/10 l Milch
1 TL Salz
Marmelade zum Füllen
Fritieröl zum Backen

- alle Zutaten zusammenkneten
- 1 Stunde rasten lassen
- ovale Blätter austreiben, mit Marmelade füllen, zusammenklappen, die Ränder festdrücken und abradeln
- schwimmend im heißen Öl herausbacken

 Kastanien-, Zwetschken-, Marillenmarmelade

Schwarzpolenta-Torte mit Äpfeln

25 dag Butter
25 dag Zucker
8 Eier
25 dag Schwarzpolentamehl
1 Prise Salz
25 dag geriebene Nüsse
1 Backpulver
1 Vanillezucker
2 Stk. Äpfel
Preiselbeermarmelade zum Füllen

✧ Butter, Zucker, Vanillezucker, Salz, Dotter flaumig rühren
✧ Schwarzpolentamehl, Haselnüsse, Backpulver, geriebene Äpfel, steif geschlagenes Eiweiß locker unterheben
✧ bei 180°C 45 Minuten backen
✧ in der Mitte durchschneiden und mit Preiselbeermarmelade füllen

Bauernstrauben

28 dag Mehl
1 Prise Salz
4 dag Butter
1/4 l warme Milch
2 EL Rum
3 Eier
Fritieröl

✧ aus Mehl, Salz, flüssiger Butter, Milch, Eier einen eher weichen Teig zubereiten
✧ mit Trichter kreisförmig ins heiße Fett einlaufen lasssen
✧ vorsichtig herausheben
✧ mit Zucker und Zimt bestreuen
✧ mit Zwetschkenkompott oder Apfelmus servieren

Fritieröl: höchstens 2 x verwenden

Kirchtagskrapfen

Sauerteig:
40 dag Roggenmehl
40 dag Weizenmehl
1 l Buttermilch
1 l Wasser

Teig:
2 kg Roggenmehl
2 kg Weizenmehl
4 dag Hefe
Salz, Anis, Kümmel nach Geschmack
1 1/4 l Buttermilch und Wasser vermischt

Fritieröl

- Sauerteig ca. 4 Tage vor dem Backen ansetzen: jeden Tag ca. 20 dag Mehl, 1/4 l Wasser und 1/4 l Buttermilch dazurühren, an einem warmen Ort gehen lassen
- Dampfl bereiten
- alle Zutaten vermischen und zu einem mittelfesten Teig verrühren
- Teig gut durchkneten
- ca. 1 Stunde gehen lassen
- Stücke in gewünschter Größe abschneiden und zu länglichen Krapfen austreiben
- Brett anfeuchten, Tuch darauf, Krapfen sorgfältig darauflegen
- sogleich zudecken
- 1/2 Stunde gehen lassen
- in heißem Fett herausbacken

Rahm-Kuchen

2 Schalen Mehl
1 Schale Zucker
1 Schale Sahne
4 Eier
1/2 Backpulver
1 Zitrone
Butter und Mehl für die Form

- ✧ Sahne fast ganz steif schlagen
- ✧ Zucker und Dotter dazugeben und weiterrühren
- ✧ gesiebtes Mehl, Backpulver, Zitronenschale und Zitronensaft mit dem steifgeschlagenen Eiweiß unter die Sahnemasse heben
- ✧ Masse in eine befettete und bemehlte Kastenform füllen
- ✧ ins kalte Rohr schieben
- ✧ ca. 1 Stunde bei 180°C backen

 die Hälfte der Masse mit 4 dag Kakaopulver verrühren

Spitzbuben

28 dag Mehl
21 dag Butter
14 dag Staubzucker
14 dag Mandeln
1 MS Zimt
Marillenmarmelade
Staubzucker

- alle trockenen Zutaten vermischen
- Butter abbröseln
- eventuell mit etwas Milch rasch zu einem Mürbteig verarbeiten
- ca. 1/2 Stunde kühl rasten lassen
- Teig messerrückendick auswalken, Scheiben ausstechen
- jede 2. Scheibe mit einem kleinen runden Ausstecher lochen
- bei 180°C hell backen
- je 2 mit Marmelade zusammensetzen, mit Staubzucker bestreuen

Anisschnitten

2 Eier
2 EL Wasser
10 dag Zucker
10 dag Mehl
1 MS Backpulver
Anis zum Bestreuen

- Eier, Wasser und Zucker schaumig rühren
- gesiebtes Mehl vorsichtig unterheben
- Masse auf vorbereitetes Blech streichen
- mit Anis bestreuen
- bei 180°C backen
- ausgekühlt in Streifen schneiden

Topfenweggelen

50 dag Weizenvollkornmehl
20 dag Zucker
15 dag Butter
1 Backpulver
1 Vanillezucker
Schale von 1 Zitrone
25 dag Topfen
2 Eier
1 Prise Backpulver
je 6 dag Sultaninen, Nüsse, Schokolade

✧ alle Zutaten zu einem Teig zusammenkneten
✧ 3 schmale Weggelen formen
✧ bei 180°C 30 Minuten backen
✧ auskühlen lassen, mit zerlassener Butter bestreichen und mit Staubzucker bestreuen

Dinkel-Früchtebrot

25 dag Dinkelmehl
25 dag Weizenvollkornmehl
10 dag Weizenmehl
6 dag Germ
1 EL Zucker
ca. 1/8 l Milch
10 dag Nüsse
10 dag Trockenfeigen
10 dag Sultaninen
1 Prise Salz

✧ Mehl mit Salz vermischen
✧ Dampfl bereiten
✧ mit lauwarmer Milch und gehackten Früchten zu einem mittelfesten Teig kneten
✧ ca. 1 Stunde gehen lassen
✧ Laibe ausformen
✧ mit Wasser oder Kaffee bestreichen, einstechen
✧ noch einmal kurz gehen lassen
✧ ins vorgeheizte Rohr bei 250°C ca. 20 Minuten backen
✧ bei 150°C weitere 20 Minuten backen

Fichtenhonig

2 Doppelhände Fichtenwipfel
3 Zitronen
3 l Wasser
2,5 kg Zucker

- Zitronenscheiben, Fichtenwipfel und Wasser 10 Minuten kochen
- auskühlen lassen
- Fichtenwipfel ausdrücken, Flüssigkeit mit Tuch abseihen
- Zucker dazugeben
- 6 Stunden langsam kochen lassen
- in saubere Gläser füllen
- kühl stellen

Löwenzahnhonig

6 Doppelhände Löwenzahnblüten
5 l Wasser
3 Zitronen
4 kg Zucker

- Zitronenscheiben, Löwenzahnblüten und Wasser zum Kochen bringen
- 10 Minuten kochen lassen
- Blüten gut ausdrücken und Flüssigkeit mit Tuch abseihen
- Zucker dazugeben
- 6 Stunden langsam kochen lassen (nicht umrühren)
- in saubere Gläser füllen
- kühl stellen

Ribissaft

1 kg rote Ribis
1 l Wasser
2 dag Weinsteinsäure
ca. 60 dag Zucker

✧ Ribis, Wasser und Säure 12 Stunden stehen lassen
✧ abseihen
✧ Zucker hinzufügen
✧ aufkochen
✧ heiß in Flaschen füllen

Himbeersirup

1 kg Himbeeren
1/2 l Weinessig
1/2 l Rotwein
2 kg Zucker

✧ Himbeeren, Weinessig und Rotwein 2 Tage stehen lassen
✧ gut auspressen
✧ Zucker untermischen
✧ 2-3 Minuten aufkochen lassen
✧ heiß in Flaschen abfüllen

Register

Register nach Gerichten

Suppen

Bauernsuppe 161
Bohnensuppe 22
Brennsuppe 128
Butternockensuppe 93
Erdäpfelsuppe mit Brotwürfel 60
Erdäpfelsuppe mit Milch 157
Frittatensuppe 94
Gerstsuppe 127
Grießnockensuppe 129
Gulaschsuppe 20
Jägersuppe 95
Kartoffelnockensuppe 59
Käsesuppe 158
Kastaniensuppe 59
Knoblauchsuppe 57
Milchsuppe 95
Milchsuppe 129
Porreesuppe 157
Pustertaler Grießnockensuppe 158
Ronensuppe 19
Sauerampfer-Suppe 94
Sauerkrautsuppe 58
Saure Suppe 21
Selleriecremesuppe 20
Spargelsuppe 19
Speckknödelsuppe 128
Terlaner Weinsuppe 21
Vinschger Brotsuppe 57
Wasserfriggelensuppe 127
Zucchini-Suppe 93

Fastenspeisen

Apfelschmarren 130
Aschernudel 24
Blutnudel 170
Brennesseltopfennocken 98
Brotauflauf 134
Buchweizenmus 67
Erdäpfelblattlan mit Sauerkraut 170
Erdäpfelnudel im Reindl 99
Erdäpfelnudeln 162
Erdäpfelroast 164
Erdäpfelschlutzkrapflan 163
Gefüllte Teigtaschen 25
Gemüsegerste 66
Gratinierte Grießnocken 61
Graukäsenocken 136
Grießmus 66
Hackplenten 98
Jägernudeln 63
Kartoffelriebel 65
Kastaniennocken 97
Kloatzenschlutzkrapfen 64
Kräuternocken 135
Krautnocken 65
Lüsner Krapfen 138
Maccheroni mit Pfifferlingsauce 27
Melchermuas mit Palabirn 67
Nudelroast 133
Ofenplent 165
Pfifferlinggröstel 132
Polenta mit Steinpilzen 96

Register nach Gerichten

Preßknödel 167
Pusterer Preßknödel 167
Radicchiorisotto 23
Rahmnocken 97
Reisauflauf 171
Ronenknödel 134
Ronenkuchen 135
Schalderer Krapfen 131
Schlutzkrapfen 169
Schmalznocken 100
Schneidnudel 99
Schnittlauchschmarren 171
Schuffa 28
Schupfnudel 100
Schwarzbeerlaibchen 96
Schwarzplenten mit Käse 131
Schwarzplentene Spatzlan 24
Schwarzpolentamus 133
Schwarzpolentanocken 136
Spaghetti mit Zucchinisauce 26
Spargel mit Kräutersauce 26
Spargelrisotto 23
Spinat-Reibe-Kuchen 61
Spinatkrapfen 132
Spinatnocken 137
Spinatofenplent 166
Spinatpudding 162
Spinattopfennocken 164
Tirtlan 168
Topfenknödel 63
Überbackene Spinatschupfnudeln 62

Fleisch- und Fischgerichte

Bauernblutwurst 107
Bauerneintopf 175
Bozner Herrengröstel 29
Bozner Stockfischgröstel 30
Eingemachtes Kalbfleisch 109
Faschierte Laibchen in Tomatensauce 72
Fischfilet mit Gemüse 103
Fleischstrudel 108
Gänsebraten 139
Gebackene Kalbsleber 73
Gedünstete Kalbskoteletts 35
Gefüllte Kalbsschnitzel 143
Gekochte Kalbszunge mit Tomaten-Kapernsauce 109
Gekochtes Rindfleisch mit Kräutersauce 101
Gerollter Senfbraten 73
Gesurtes Schweinernes mit Kraut 37
Hirschgulasch 172
Kalbsbeuschel 31
Kalbsleber auf venezianische Art 32
Kalbsschnitzel mit Pilzen 37
Kalbsvögelen mit Polenta 102
Kartoffelgulasch 76
Käselaibchen 30
Kräuterforelle 36
Krautgulasch 71
Kriegsgulasch (Katzengschroa) 32
Lammrücken mit Knoblauchsauce 35
Lebergulasch 74
Maccheroni mit Lammragout 101
Pikante Rehschnitzel 75
Pilz-Fleisch-Eintopf 175
Reh- oder Gamsschlegel 104
Reh- oder Hirschmedaillons mit Pilzen 173
Rehbraten 140

Register nach Gerichten

Reisfleisch 176
Schafsbraten 140
Schnalser Bauernbratl 68
Schweinsrippelen mit
Erdäpfel 139
Teufelsfleisch 32
Tomaten-Kapernsauce 109
Wildgeschnetzeltes 174

Süßspeisen und Gebäck

Anisschnitten 185
Äpfel mit Vanillecreme 114
Apfel-Mandel-Torte 79
Apfelkiechl 43
Apfelkuchen 179
Apfeltaschen 82
Bananencreme 146
Bauernstrauben 182
Bozner Weihnachtszelten 42
Bratäpfel 111
Brottorte 144
Dorf Tiroler 117
Erdbeerstanitzel 46
Falsche Linzertorte 114
Faschingsscherben 110
Germmingilan 147
Grödner Kirchtagskrapfen 149
Haferflockenbusserln 40
Haselnußkranz 116
Jörgele Schnitten 145
Kakaotorte 38
Karottentorte 115
Kirchtagskrapfen 183
Kniekiachlan 152
Kokosecken 44
Lebkuchenkekse 110
Mandeltorte 112
Marillen-Nußkuchen 81

Marillenkuchen 82
Marillenschnitten 115
Marmeladekrapfen 181
Mittwochschnitten 38
Mohnkuchen 150
Mohnmingilan 147
Nußschnecken 77
Ölkuchen 145
Omas Kloazenstrudel 40
Osterkränze 144
Pfingstgrungeln 46
Plenten Broater 45
Preiselbeertorte 80
Pustertaler Mohnkrapfen 181
Rahm-Kuchen 184
Rhabarbertorte 41
Sarner Ofenkrapfen 47
Schnalser Torte 78
Schneetorte 80
Schüttelkuchen 148
Schwarzplentene Roulade 146
Schwarzpolenta-Torte mit
Äpfeln 182
Schwarzpolentatorte 79
Spitzbuben 185
Tante Rosas Apfelkuchen 113
Topfen-Früchte-Kuchen 117
Topfenbuchteln 177
Topfenkrapfen 178
Topfenstollen 151
Tschöggelberger Krapfen 39
Ultner Mohnkrapfen 112
Vinschger Kastanienkrapfen 81
Vinschger Schneemilch 78
Völser Kirchtagskrapfen 45
Wipptaler Krapfen 148
Zitronenkuchen 111
Zwetschkenkuchen 180

Register nach Gerichten

Brot

Anisbrot 119
Dinkel-Früchtebrot 186
Holzhackerbrot 49
Knusperbrötchen 118
Milchbrötchen 84
Müslibrot 83
Osterbrot 48
Roggenkörnerbrot 48
Topfenweggelen 186

Verschiedenes

Alpenrosenhonig 85
Basilikumschnaps 86
Beerenlikör 54
Fichtenhonig 187
Graukas 154
Himbeersirup 188
Hollergelee 122
Holundersekt 120
Holundersirup 121
Knoblauch in Öl 122
Kümmelschnaps 85
Löwenzahnhonig 187
Malzzuckerlen 50
Marillenlikör 53
Nußlikör 120
Orangen-Punsch 53
Orangensirup 86
Preiselbeermarmelade 153
Quittenmarmelade 89
Ribis-Marillenmarmelade 89
Ribissaft 188
Saure Zucchini 50
Schwarzbeerschnaps 121
Ziegerkas 154
Zirmschnaps 153

Alphabetisches Register

Alpenrosenhonig 85
Anisbrot 119
Anisschnitten 185
Äpfel mit Vanillecreme 114
Apfel-Mandel-Torte 79
Apfelkiechl 43
Apfelkuchen 179
Apfelschmarren 130
Apfeltaschen 82
Aschernudel 24

Bananencreme 146
Basilikumschnaps 86
Bauernblutwurst 107
Bauerneintopf 175
Bauernstrauben 182
Bauernsuppe 161
Beerenlikör 54
Blutnudel 170
Bohnensuppe 22
Bozner Herrengröstel 29
Bozner Stockfischgröstel 30
Bozner Weihnachtszelten 42
Bratäpfel 111
Brennesseltopfennocken 98
Brennsuppe 128
Brotauflauf 134
Brottorte 144
Buchweizenmus 67
Butternockensuppe 93

Dinkel-Früchtebrot 186
Dorf Tiroler 117

Eingemachtes Kalbfleisch 109
Erdäpfelblattlan mit Sauerkraut 170
Erdäpfelnudel im Reindl 99
Erdäpfelnudeln 162
Erdäpfelroast 164
Erdäpfelschlutzkrapflan 163
Erdäpfelsuppe mit Brotwürfel 60
Erdäpfelsuppe mit Milch 157
Erdbeerstanitzel 46

Falsche Linzertorte 114
Faschierte Laibchen in Tomatensauce 72
Faschingsscherben 110
Fichtenhonig 187
Fischfilet mit Gemüse 103
Fleischstrudel 108
Frittatensuppe 94

Gänsebraten 139
Gebackene Kalbsleber 73
Gedünstete Kalbskoteletts 35
Gefüllte Kalbsschnitzel 143
Gefüllte Teigtaschen 25
Gekochte Kalbszunge mit Tomaten-Kapernsauce 109

Register ❦ alphabetisch

Gekochtes Rindfleisch mit Kräutersauce 101
Gemüsegerste 66
Germmingilan 147
Gerollter Senfbraten 73
Gerstsuppe 127
Gesurtes Schweinernes mit Kraut 37
Gratinierte Grießnocken 61
Graukas 154
Graukäsenocken 136
Grießmus 66
Grießnockensuppe 129
Grödner Kirchtagskrapfen 149
Gulaschsuppe 20

Hackplenten 98
Haferflockenbusserln 40
Haselnußkranz 116
Himbeersirup 188
Hirschgulasch 172
Hollergelee 122
Holundersekt 120
Holundersirup 121
Holzhackerbrot 49

Jägernudeln 63
Jägersuppe 95
Jörgele Schnitten 145

Kakaotorte 38
Kalbsbeuschel 31
Kalbsleber auf venezianische Art 32
Kalbsschnitzel mit Pilzen 37
Kalbsvögelen mit Polenta 102
Karottentorte 115
Kartoffelgulasch 76

Kartoffelnockensuppe 59
Kartoffelriebel 65
Käselaibchen 30
Käsesuppe 158
Kastaniennocken 97
Kastaniensuppe 59
Kirchtagskrapfen 183
Kloatzenschlutzkrapfen 64
Kniekiachlan 152
Knoblauch in Öl 122
Knoblauchsuppe 57
Knusperbrötchen 118
Kokosecken 44
Kräuterforelle 36
Kräuternocken 135
Krautgulasch 71
Krautnocken 65
Kriegsgulasch (Katzengschroa) 32
Kümmelschnaps 85

Lammrücken mit Knoblauchsauce 35
Lebergulasch 74
Lebkuchenkekse 110
Löwenzahnhonig 187
Lüsner Krapfen 138

Maccheroni mit Pfifferlingsauce 27
Maccheroni mit Lammragout 101
Malzzuckerlen 50
Mandeltorte 112
Marillen-Nußkuchen 81
Marillenkuchen 82
Marillenlikör 53
Marillenschnitten 115
Marmeladekrapfen 181

Register & alphabetisch

Melchermuas mit Palabirn 67
Milchbrötchen 84
Milchsuppe 95
Milchsuppe 129
Mittwochschnitten 38
Mohnkuchen 150
Mohnmingilan 147
Müslibrot 83

Nudelroast 133
Nußlikör 120
Nußschnecken 77

Ofenplent 165
Ölkuchen 145
Omas Kloazenstrudel 40
Orangen-Punsch 53
Orangensirup 86
Osterbrot 48
Osterkränze 144

Pfifferlinggröstel 132
Pfingstgrungeln 46
Pikante Rehschnitzel 75
Pilz-Fleisch-Eintopf 175
Plenten Broater 45
Polenta mit Steinpilzen 96
Porreesuppe 157
Preiselbeermarmelade 153
Preiselbeertorte 80
Preßknödel 167
Pusterer Preßknödel 167
Pustertaler Grießnocken-suppe 158
Pustertaler Mohnkrapfen 181

Quittenmarmelade 89

Radicchiorisotto 23
Rahm-Kuchen 184
Rahmnocken 97
Reh- oder Gamsschlegel 104
Reh- oder Hirschmedaillons mit Pilzen 173
Rehbraten 140
Reisauflauf 171
Reisfleisch 176
Rhabarbertorte 41
Ribis-Marillenmarmelade 89
Ribissaft 188
Roggenkörnerbrot 48
Ronenknödel 134
Ronenkuchen 135
Ronensuppe 19

Sarner Ofenkrapfen 47
Sauerampfer-Suppe 94
Sauerkrautsuppe 58
Saure Suppe 21
Saure Zucchini 50
Schafsbraten 140
Schalderer Krapfen 131
Schlutzkrapfen 169
Schmalznocken 100
Schnalser Bauernbratl 68
Schnalser Torte 78
Schneetorte 80
Schneidnudel 99
Schnittlauchschmarren 171
Schuffa 28
Schupfnudel 100
Schüttelkuchen 148
Schwarzbeerlaibchen 96
Schwarzbeerschnaps 121
Schwarzplenten mit Käse 131
Schwarzplentene Roulade 146

Register ❦ alphabetisch

Schwarzplentene Spatzlan 24
Schwarzpolenta-Torte
mit Äpfeln 182
Schwarzpolentamus 133
Schwarzpolentanocken 136
Schwarzpolentatorte 79
Schweinsrippelen
mit Erdäpfel 139
Selleriecremesuppe 20
Spaghetti mit Zucchinisauce 26
Spargel mit Kräutersauce 26
Spargelrisotto 23
Spargelsuppe 19
Speckknödelsuppe 128
Spinat-Reibe-Kuchen 61
Spinatkrapfen 132
Spinatnocken 137
Spinatofenplent 166
Spinatpudding 162
Spinattopfennocken 164
Spitzbuben 185

Tante Rosas Apfelkuchen 113
Terlaner Weinsuppe 21
Teufelsfleisch 32
Tirtlan 168
Tomaten-Kapernsauce 109

Topfen-Früchte-Kuchen 117
Topfenbuchteln 177
Topfenknödel 63
Topfenkrapfen 178
Topfenstollen 151
Topfenweggelen 186
Tschöggelberger Krapfen 39

Überbackene Spinat-
schupfnudeln 62
Ultner Mohnkrapfen 112

Vinschger Brotsuppe 57
Vinschger Kastanienkrapfen 81
Vinschger Schneemilch 78
Völser Kirchtagskrapfen 45

Wasserfriggelensuppe 127
Wildgeschnetzeltes 174
Wipptaler Krapfen 148

Ziegerkas 154
Zirmschnaps 153
Zitronenkuchen 111
Zucchini-Suppe 93
Zwetschkenkuchen 180

Derf's vom Bauern sein?

Daß man in Südtirol neben Himbeeren und Johannisbeeren auch die verschiedensten Obst- und Gemüsesorten wie Salat, Kobis, Tomaten, Rettiche, Karotten, Zucchini, Gurken, Kartoffeln, aber auch Äpfel, Birnen, Pflaumen, Pfirsiche, Kirschen, Kiwi und vieles mehr frisch vom Bauernhof kaufen kann, war bislang nur "Eingeweihten" unter den Hausfrauen bekannt. Dabei haben wir in Südtirol aufgrund der unterschiedlichen Reifezeiten in Tallagen und am Berg den Vorteil, bis in den September hinein frische Feldfrüchte von hoher Qualität anbieten zu können.

PRODUKTTELEFON
0471/980184

Den Spezialitäten-Geheimtip "Bauernhof" hat es schon immer gegeben. Erst in letzter Zeit jedoch hat sich der Bauernhof als Einkaufsstätte sozusagen "emanzipiert" und als sinnvolle Ergänzung zum Supermarkt etabliert.

Obst und Gemüse sind wichtige Energie- und Nährstofflieferanten und als solche aus der in unserem Lande üblichen Ernährung nicht wegzudenken. Es lohnt sich also, sich früh genug zu informieren und sich einen Vorrat zu sichern.

Über aktuelle Angebote, Kontaktadressen und Bauernmärkte in Südtirol informiert Sie das Produkttelefon. Dieses bietet Ihnen die Möglichkeit, mit dem Bauern Kontakt aufzunehmen und direkt bei ihm landwirtschaftliche Produkte einzukaufen unverfälschte Nahrungsmittel von besonderer Frische und hoher Qualität zu erwerben die landwirtschaftliche Produktionsweise näher kennenzulernen.

Über das Produkttelefon werden angeboten:
Äpfel, Birnen, Kirschen, Pfirsiche, Pflaumen, Himbeeren, Erdbeeren, Küchenkräuter, Salate, Getreidekorn, Zwiebeln, Kartoffeln, Kastanien, Teekräuter, Rübenkeime u.v.a.m.

Rufen Sie einfach an!
Wir sind täglich von Montag bis Freitag von 8.30 Uhr bis 9.30 Uhr unter der Telefonnummer 0471/980184 zu erreichen.

Weitere Bände der 10bändigen Reihe:
"Bäuerinnen kochen – Einfach gute Rezepte"

*Kochen in Tirol: kernig und gesund
wie Land und Leute!*
"Das Buch ragt aus dem Angebot heraus,
weil die Autorinnen selbst Bäuerin und
zugleich Lehrerin an der Landwirtschaft-
lichen Lehranstalt in Rotholz ist ..."
Alto Adige

Maria Gschwentner
Tiroler Bäuerinnen kochen
Einfach gute Rezepte
208 Seiten, zahlreiche Fotos
öS 248,-/DM 39,80/sfr 34,-
ISBN 3-900521-23-9

EDITION LÖWENZAHN • INNSBRUCK

Die *original* Vorarlberger Küche
Über 250 traditionelle und neue Rezepte
der regionalen Küche –
bewährt, schmackhaft und gesund.

Rosa Beer und Regina Schwärzler
Vorarlberger Bäuerinnen kochen
Einfach gute Rezepte
208 Seiten, zahlreiche Fotos
öS 248,-/DM 39,80/sfr 34,-
ISBN 3-900521-18-2

EDITION LÖWENZAHN • INNSBRUCK